日本史の謎は「地形」で解ける【文明・文化篇】

竹村公太郎

PHP文庫

○本表紙図柄＝ロゼッタ・ストーン（大英博物館蔵）
○本表紙デザイン＋紋章＝上田晃郷

はじめに

◎学生時代の混沌

6年間の大学生活を仙台で過ごした。初めて両親や幼馴染《おさななじ》みたちと離れて生活をすることとなった。大学1年のときには東京オリンピックが開催され、社会が一気に成長して、学生運動が大きなうねりになっていく時代でもあった。

この激しく動く社会で、それまで考えたこともない人々と出会い、考えたこともない出来事に翻弄《ほんろう》された。それら一つ一つを自分で考え、悩みながら歩いていかざるを得なかった。

自分を翻弄するこの巨大な社会を少しでも知ろうと、多くの本を読みあさり、仲間たちと議論を繰り返した。しかし、そのたびにこの社会の広がりとつかみどころのなさを知り、結局、自分の思考の限界と知識の欠如を思い知らされた。

混沌とした気持ちを整理できないまま、大学から社会に飛び込んでいった。

◎『文明の生態史観』の衝撃

建設省に入省して約20年間は、川治ダム、大川ダム、宮ヶ瀬ダムの建設現場で、ダム技術者として地形や気象と格闘を繰り返した。その後は、全国を転勤しながら、各地の河川の治水と国土保全の行政に携わっていった。

30歳の頃、会津若松市のダム現場にいるとき、梅棹忠夫《うめさおただお》先生の『文明の生態史観』を手にした。この本には驚かされた。本の内容というより、動物学から人生をスタートした理系の生態学者が、人類の文明を論じていく姿勢に驚かされたのだ。

梅棹先生の手法から学んだことは、「人間が創ったこの社会へのアクセス、つまり文明へのアクセスは、哲学、社会経済学などの文系分野からのアクセスだけではない。理系の生態学でさえも、文明という大きな山へ登るルートになりうる」ということであった。

◎地形と気象の説明

その後、現場から離れ、公共事業を説明する任務に携わることとなった。

公共事業を説明するのは難しかった。何しろインフラは社会の下部構造であり、理解されにくい。

芝居に例えるなら、インフラは舞台を支えている土台だ。主役は舞台で演じている役者たちである。その役者たちは、舞台下の土台など見ない。いや、彼らは見る必要もない。彼らは舞台で素晴らしい技で人生を演じていればよいのだ。

実際の社会でも同じだ。主役は懸命に人生を歩んでいる人々である。土台のインフラは人々を支えている。しかし、その土台のインフラは人々から見えない。人々が見えないものを理解しないのは当然なのだ。見えないインフラを説明しようとするのが、もともと無理なのだ。

それに気がついたときから、私はインフラそのものではなく、インフラが立脚している地形と気象を説明するようになった。

地形と気象を説明するのは簡単だった。何しろ何十年間も地形や気象と格闘していたので、地形と気象は知り尽くしていた。

◎文明の構造モデル

ところが、地形と気象を説明していると、説明はそこで止《とど》まらなかった。地形と気象の上に立脚しているインフラに自然と言及していった。そして、そのインフラという下部構造に触れると、下部構造が支えている上部の様々な人間活動にも触れていくこととなった。

いつしか、人間社会、つまり文明のモデルのイメージが固まっていった。

文明は、下部構造と上部構造で構成されている。文明の下部構造は、上部構造を支えている。その下部構造は、地形と気象に立脚している。下部構造がしっかりしていれば、上部構造は花開いていく。下部構造が衰退すれば、上部構造も衰退していく。

社会の下部構造とは、単なる土木構造物ではない。

下部構造は「安全」「食糧」「エネルギー」「交流」という4個の機能で構成されている。

その文明の構造モデルを次ページの図に示した。

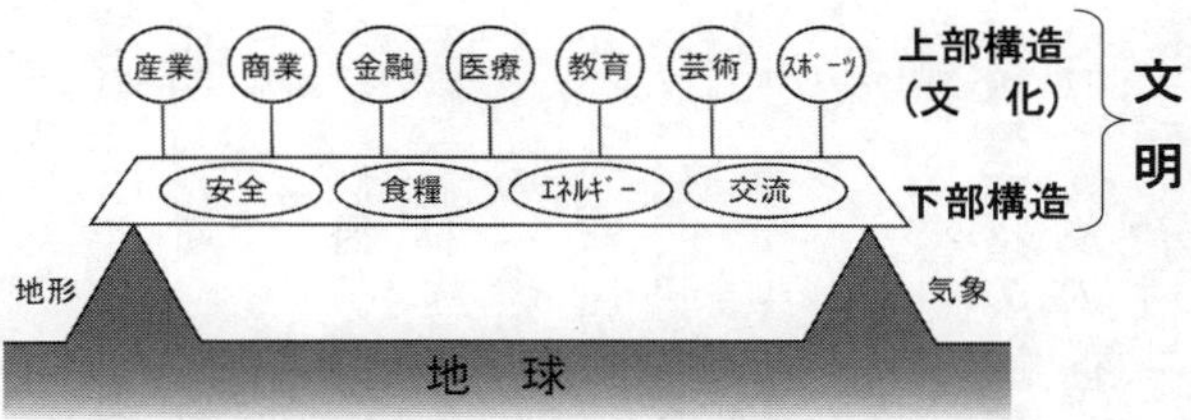

◎地形と気象から見ると、歴史と文化の定説がひっくり返る

地形と気象の説明を重ねているうちに、視線はいつの間にか人間、つまり舞台の上で人生を演じている役者たちに注がれていた。

驚いたことに、舞台で演じている役者たちは、舞台の制約を受けて芝居を演じていた。いや、舞台の制約そのものが、芝居を規定していたのだ。

それに気がついてから私は意識して、土台から役者に光を当てていくことにした。つまり、各地の地形と気象から、そこに住んでいる人々に光を当てていく作業であった。

地形と気象から人々に光を当ててみると、今まで言われてきた歴史と文化がずいぶん異なって見えた。その驚きを文章にしていった。

２０１３年10月発行の『日本史の謎は「地形」で解ける』（ＰＨＰ文庫）では、歴史に関した新しい発見と驚きをまとめた。

一例として、織田信長が比叡山延暦寺を焼き討ちにした原因を、今まで伝えられてきた「僧侶たちが浅井氏に味方したため」「キリスト教を庇護するため」「寺社勢力の商業利権を我がものにするため」といった理由ではなく、滋賀から京都へ峠越えする際の「逢坂の地形」に織田信長が恐怖したからだと断じた。

かつて、織田信長自身は桶狭間の山中で、圧倒的な勢力の今川軍を破った体験があった。今度は逆に、織田軍が逢坂の山中で比叡山から睨《にら》んでいる僧侶たちに恐怖を感じ、徹底した比叡山焼き討ちという行動に駆り立てられた、という見方であった。

◎世界最高峰の謎「ピラミッド」への挑戦

地形と気象から見る歴史は、新しい発見と驚きの連続であった。この新しい発見と驚きを文章にしていくうちに、これが文明の山へ登攀《とうはん》する一つのルートになると感じた。

この地形と気象の登攀ルートは、誰の足跡もない新雪のままだった。学生時代には社会と文明の巨大さに負け、いったんは文明の山への登攀をあきらめた。そして40年後、今度は土木の現場で身につけた地形と気象の知識で、再度、文明の山に挑戦していくこととなった。

しかし、やはりこの文明は大きかった。登山ルートを行くと霧に包まれ、歩けなくなった。樹海に迷い込み、思わぬ出口に出たりした。文明の山への登攀などと言えず、山麓をいつまでもウロチョロと歩いている状態なのだ。

しかし、この登山は長続きしそうだ。何しろ、地形と気象が好きで、ここは自分の得意なルートだからだ。登山の一歩一歩が楽しくて、登山の苦をまったく感じないのだ。

本書では、歴史だけではなく、日本人の心情、日本人の勤勉性、日本人の生み出した将棋などへ話が拡散して一貫性がなくなるところを、PHP文庫の中村康教氏が苦心して「文明・文化篇」として良くまとめてくれた。

なお、番外編の「ピラミッドはなぜ建設されたか」は世界最高峰の謎への挑戦であった。

ある国際会議で、本書の第17～18章で紹介した説を披露した。その会議に参加していたある初老の男性が手を挙げて、おもむろに立ち上がった。

「私はエジプトのカイロ大学の教授です」

私はぎょっとして身構えた。彼は続けて「今まで多くのピラミッド論を聞いてきた。しかし、今日、初めてピラミッド建設の合理的な説明を聞いた」と発言した。

ホッとしたと同時に、喜びが湧いてきた。

日本史の謎は「地形」で解ける【文明・文化篇】

目次

第3章 日本人の平均寿命をV字回復させたのは誰か

命の水道水と大正10年の謎

第4章

なぜ家康は「利根川」を東に曲げたか

もう1つの仮説

第5章

なぜ江戸は世界最大の都市になれたか①

「地方」が支えた発展

第6章　なぜ江戸は世界最大の都市になれたか②

エネルギーを喰う大都市

第7章　なぜ江戸は世界最大の都市になれたか③

広重の『東海道五十三次』の謎

第8章

貧しい横浜村がなぜ、近代日本の表玄関になれたか

家康が用意した近代

第9章 「弥生時代」のない北海道でいかにして稲作が可能になったか

自由の大地が未来の日本を救う

第10章 上野の西郷隆盛像はなぜ「あの場所」に建てられたか

樺山資紀の思い

第11章　信長が天下統一目前までいけた本当の理由とは何か

弱者ゆえの創造性

第12章 「小型化」が日本人の得意技になったのはなぜか

第13章 日本の将棋はなぜ「持駒」を使えるようになったか

第15章 なぜ日本人は「もったいない」と思うか

捨てる人々・捨てない人々

第16章 日本文明は生き残れるか

グラハム・ベルの予言

第17章　【番外編】ピラミッドはなぜ建設されたか①

ナイル川の堤防

第18章

【番外編】ピラミッドはなぜ建設されたか②

ギザの3基の巨大ピラミッドの謎

本文デザイン◎印牧真和

第1章

なぜ日本は欧米列国の植民地にならなかったか①

地形と気象からの視点

19世紀中頃、世界各地を植民地にした欧米列国が、一斉に日本に押し寄せてきた。鎖国していた日本は欧米列国に囲まれ、植民地化の絶体絶命の危機を迎えた。

その日本は植民地化されず、徳川幕藩体制から国民国家へ見事に変身して、世界最後の帝国国家に滑り込んでいった。この幕末から明治にかけての英雄たちの物語は何度も繰り返し語られ、それら英雄たちは近代日本人の原点にもなっている。

私たちはこの英雄たちの華々しい活躍に目を奪われがちだ。しかし、なぜ日本は植民地にならなかったのか、この理由は決して英雄たちだけの物語ではない。様々な要因が複合的に絡み合っているはずだ。

長い間、そのようなことを考えていた。あるとき、下関戦争で英国の陸戦隊が長州に上陸して戦っている絵と出会った。17隻の4カ国連合艦隊が長州を襲ったが、結局、長州藩に勝てなかった。その理由がこの絵に描かれていた。

いったいなぜ、欧米列国は強引に日本を征服しなかったか？　圧倒的な巨砲戦艦を持っていたのに、彼らは日本列島を前に何を躊躇《ちゆうちよ》していたのか？

地形と気象からの歴史

歴史はいつも英雄たちを中心に語られていく。紀元前5世紀、ヘロドトスが「それは彼の物語だ！」と言って「歴史」という言葉が生まれた。歴史つまりHistoryは、誰かが誰かを語るHis-Story（彼の物語）である。そのため、どうしても歴史は人物たち、特に英雄を中心に語られていく。

しかし、インフラの世界に生きてきた私は、その歴史をインフラという下部構造から見る癖がある。

歴史を芝居にたとえると、歴史の下部構造は舞台と大道具で構成された舞台装置である。歴史で活躍した英雄たちは、その舞台装置の上で演技する俳優たちである。俳優たちの演技を評論する人は多いが、舞台装置を評論する人はいない。インフラに携わってきた私は、下部構造の舞台装置が気になってしまうのだ。

幕末、圧倒的な武力の欧米列国によって、日本は植民地化される絶体絶命の危機にあった。なぜ、その日本は植民地化を免《まぬが》れたのか？

私は幕末に活躍した英雄たちを忘れて、歴史の下部構造から幕末を見ていく。下部構造からの視点とは、日本の地形と気象からの視点である。

◇垂涎《すいえん》する欧米列国

19世紀、欧米列国はアフリカ、アジアそして太平洋諸島を次々と植民地にしていった。植民地になった国々や地域は、ある共通する理由を持っていた。それらはみな欧米列国の欲望をそそった。

アフリカは奴隷の宝庫であった。奴隷だけではない。アフリカには象牙があった。金もあった。ダイヤモンドもあった。

東南アジアには、ゴムの木が茂り、綿花や紅茶や香料のプランテーションに適した土地があり、従順で勤勉な労働する人々がいた。さらに鉱物資源も産出され、20世紀には石油まで発見された。

南太平洋には、青く透き通る海の島々が点在していた。その島々には、サーバントとして仕える温和で素直な人々が住んでいた。太平洋諸島は欧米人のリゾートとして、また太平洋の制海権のために支配すべき島々であった。

欧米列国の植民地になったアフリカ、アジアそして太平洋諸島は欧米人が垂涎する欲望の宝庫であった。

◇欧米列国は日本へ

19世紀中頃、欧米列国そしてロシア帝国は、かたくなに鎖国を続けていた日本に一斉に接近してきた。

真っ先に日本に上陸したのが米国であった。

1853年、ペリー提督率いる4隻の米国艦隊が、江戸湾入口の浦賀沖に姿を現した。当時の日本船は50トン程度であったのに対して、黒船の蒸気船サスケハナ号は2400トンもあり、日本人は心底から驚愕《きようがく》した。

大統領の親書を携えたペリー提督は、久里浜に上陸した。黒船はさらに江戸湾奥に進入し、横浜、芝浦沖と江戸幕府を睥睨《へいげい》するかのように巡航し、いったんは米国に帰国した。

翌年の1854年2月、ペリー提督は再来日した。この来航の艦隊は7隻と増強されており、強い武力圧力を日本にかけてきた。アヘン戦争での英国の戦艦砲の長い射程距離を知った江戸幕府は、日米和親条約を締結せざるを得なかった。

日本は鎖国から開国へと向かった。

米国に続き、フランス艦隊、英国艦隊、ロシア艦隊らが一斉に日本に接近した。

何もなかった日本

列国は戦艦上から望遠鏡で日本列島を北から南まで観察し、生物学者や地質学者を上陸させた。彼らは病気療養や研究という名目で日本国中を歩き続け、日本列島の植物や鉱物を収集していった。

日本列島の地質や気象は、多様性を極めていた。欧米の科学者たちにとっては珍しい岩石や植物が溢《あふ》れ、学術的好奇心を刺激する列島であった。しかし、この日本列島には、欧米人の欲望をかき立てるものはなかった。

日本列島には象牙はなかった。ダイヤモンドもなく、金も採掘し尽くされていた。ゴムの木もなく、小麦や大豆や綿花のプランテーションに適する広大な土地もなかった。太平洋諸島にあった暖かなリゾート地もなかった。

さらに、日本列島には、高い教育を受けた好奇心旺盛な人々はいたが、奴隷にする人々はいなかったし、アヘンを売り付ける人々もいなかった。

この日本列島には欧米人の欲望をかき立てるものはなかった。

しかし、この日本列島には、欧米人を恐怖させる自然が嫌というほどあったのだ。

災害列島・日本

1854年3月末に日米和親条約を締結した直後から、欧米人が経験したことのない巨大地震が一斉に日本列島を襲いだした。

1854年の7月、M7・2の安政伊賀地震が発生した。伊賀、伊勢、大和にかけて約1800名の死者が出た。これは彼らにとっては恐怖の序章でしかなかった。

同年の１８５４年12月23日、駿河湾から遠州灘一帯を震源とするＭ８・４の巨大な安政東海地震が発生した。さらに、その32時間後の12月24日、紀伊半島沖一帯を震源としてＭ８・４の安政南海地震が発生した。安政東海地震と安政南海地震を合わせた死者数は約１〜３万人といわれている。

特に、安政東海地震では房総から伊豆、熊野にかけて大きな津波が襲いかかり、伊豆下田で停泊していたロシア軍艦・ディアナ号は、この津波に呑まれ大破し沈没してしまった。

さらに、翌年の１８５５年11月11日、首都・江戸をＭ６・９の直下型巨大地震の安政江戸地震が襲った。家屋倒壊と30数カ所から起こった火災により丸ノ内、本所、深川一帯に大きな被害が発生し、死者は７０００人から1万人にのぼった。

この安政の３大地震の後、約９年間にわたって３０００回もの余震が発生した。この余震は、日本列島に上陸した欧米人を恐怖させ、苦しめ続けた。

日本列島の災害は地震だけではなかった。１８５８年、長崎に上陸したコレラは江戸まで広がり、死者20万人を出す江戸時代最大の災害となった。

さらに、１８５９年、大雨によって利根川と隅田川が決壊して、江戸市中は大水害に見舞われた。

日米和親条約締結後の5年間、日本列島は欧米人を恐怖のどん底に落とした。この災害列島に欧米人の欲望は萎えていった。

さらに、欧米やロシア人にとって、日本列島の地震や水害の自然災害だけが厄介者ではなかった。

日本列島の地形そのものが、彼らにとって耐えがたいほどの厄介者となったのだ。

薩英戦争と下関戦争

日米和親条約から10年経った1863年から1864年、攘夷を唱える薩摩藩、長州藩が立て続けに欧米列国と武力衝突に突入した。

1862年、横浜郊外の生麦で薩摩藩の行列を乱した4名の英国人のうち3名が薩摩藩士によって殺傷された。1863年、賠償交渉は決裂し、英国は艦隊7隻で薩摩に向かい、鹿児島城の前之浜に投錨《とうびょう》し戦闘態勢に入った。

図1　薩英戦争の様子

出典:『描かれた幕末明治』(雄松堂書店)

薩摩藩の本陣は、英国の艦砲射程距離から外れた山中まで下がり、湾内80カ所の砲台で迎え撃つこととなった。
2日間の砲撃戦の結果、薩摩側は城下町500戸の焼失の損害を受けたが、死者は非戦闘員の5名のみであった。

一方の英国側は旗艦艦長、副艦長をはじめ死者11名となり、弾薬や燃料の消耗により3日後には横浜へ撤退せざるを得なかった。**図1**は薩英戦争の様子であり、背後には山々が描かれている。

1863年、攘夷の急先鋒であった長州藩は関門海峡を封鎖した。186

写真1　下関戦争で英国軍に占領された長州の砲台

出典:長崎大学附属図書館所蔵

4年、その報復のため英国、仏国、米国、オランダの4カ国連合艦隊17隻、2000名は長州攻撃に向かった。下関戦争の勃発であった。

この下関戦争の際、長州軍の本隊は蛤御門《はまぐりごもん》の変で京都に釘付けされていて、非正規軍の奇兵隊を中心とする1500名と砲130台で4カ国連合艦隊を迎え撃った。3日間の艦砲射撃で長州藩の砲台群は壊滅した。**写真1**は英国軍の海兵隊に占拠された長州の砲台である。

この2つの戦争は圧倒的な戦艦と火器による欧米列国の勝利と評価されている。しかし、それは正しい評価なのか？

◇負けなかった地形

薩英戦争では、薩摩藩は背後の山地の中に本陣を後退させた。山地に撤退されては、いくら巨砲の戦艦でも手も足も出ない。この薩英戦争の勝負の判定は、現在も諸説あって定まっていない。

いずれにしろ、あの清国を完膚なきまでに打ち砕いた英国艦隊は、一地方の藩の薩摩藩に勝てなかったのであった。

下関戦争では欧米連合軍は長州の砲台を占拠し、英国軍は陸戦隊を上陸させ下関に進撃させた。その陸上での戦闘を描いたのが**図2**である。

この絵を見ると、進撃する英国陸戦隊の先には、うっそうとした山々が控えている。その山に向かう地形の中央には棚田が広がり、左右にはすぐ林が迫っている。

この図の地形は、日本人にとっては見慣れている地形である。ところが、欧米人にとっては見たこともない、経験したこともない地形であった。

図2　英国陸戦隊の上陸作戦

出典：『描かれた幕末明治』（雄松堂書店）

日本列島の70％は起伏の多い山々であった。平地といえばじとじとした湿地帯であった。進軍する兵隊たちは、湿地のたんぼに足を取られ、一気に大攻撃をかけることができなかった。狭い坂道を這《は》いずるように登っていくと、隊列は細長く不安定な戦闘態勢となった。その隊列に林や森の木の陰から日本の奇兵隊が鉄砲攻撃をしかけてきた。

結局、英国陸戦隊は下関を制圧することはできなかった。

欧米軍の戦闘の手法は、強力な騎馬軍団による素早い行動と制圧である。その得意技が日本列島では封じられて

図3　アウステルリッツの戦い
ナポレオン率いるフランス軍がロシア・オーストリア連合軍を破った戦い（1805年）

写真提供：アフロ

いたのだ。陸上を制圧できなければ、その土地を植民地にすることなどはできない。

図3が19世紀のヨーロッパでの戦争画である。戦闘の主力が陸上を疾走する騎馬軍団であることがわかる。

縄文時代、日本列島の沖積《ちゅうせき》平野は海の下にあった。その後、海面が低下し、河川の土砂で形成された沖積平野は、雨が降ればじとじとする水はけの悪い湿地帯であった。

日本列島の70％の山々と10％の湿地帯が、欧米列国が得意な騎馬軍団の登場を許さなかった。

欧米人の欲望をそそらない日本列島。欧米人の恐怖をかき立てる災害列島。そして、騎馬軍団の力が発揮できない地形の日本列島。

この日本列島の気象や地形の自然が、欧米列国から日本を守ったのであった。

第2章

なぜ日本は欧米列国の植民地にならなかったか②

「海の中」を走った日本初の鉄道

欧米列国がアフリカ、インド、アジアを植民地化し、一斉に日本に押し寄せてきた。日本はまさに植民地化の一歩手前であった。その日本は欧米列国の圧力をスルリとかわし、幕藩封建体制から一気に国民国家へと変身してしまった。そして、最後の帝国国家に滑り込んでいった。

欧米列国の植民地化の原則は「分割統治」であった。その国の権力層の亀裂を拡大させる。地方間の疑心暗鬼を増幅させる。その亀裂と疑心暗鬼により内戦に誘い、民族の国力を消耗させた後、傀儡《かいらい》政権を樹立してその国を支配していく。

この分割統治の作戦に一番適していたのが、日本であった。何しろ細長い日本列島には、200藩を超える確たる地方政権が分立していた。国内分裂をさせるには最適の条件だった。ところが、この日本という国はあっさりと封建制をやめ、国民自らが運営する国民国家にまとまってしまった。

確たる地方政権が自らの権力を放棄し、1カ所に集まり中央集権国家に変身するなど、世界の歴史の常識ではありえなかった。この無血の社会大変革を推進したものは何か？

その謎の答えは、あるインフラ整備にあった。

◇日本の近代化の謎

ＪＲ東日本の品川駅と田町駅の間に、天井が異常に低いトンネルがある。**写真1**が、その案内板であり、高さ制限は1・5mとなっている。幅も狭いので車は一方通行である。大きな社名マークを屋根に乗せているタクシーは、今にも天井を擦りそうに走っていく。

次ページの**写真2**、**3**が、トンネルを通過していく人々と自動車である。

このトンネルは低いわりには長い。この上には山手線、京浜東北線、横須賀線、東海道線そして新幹線や貨物線が走り、このあたりは国内最大級の線路幅を持つ区間となっている。

近年、汐留から品川にかけての海側に、高層オフ

写真1　トンネルの案内板

イスビルやマンションが次々と建設されている。そのため、このトンネルは第一京浜と海側を連絡する大切な通路となっている。

ＪＲ東日本の電話相談室に、「なぜ、品川～田町間のトンネルはあんなに天井が低いのか？」と問い合わせた。「あれは道路トンネルなのでＪＲ東日本ではわからない」という答えが返ってきた。

写真２　品川～田町 高輪架道橋 ＪＲ線

写真３

撮影：著者

それではと、道路管理者の東京都の芝浦港南地区総合支所の土木係に聞くと、「トンネルを造ったのは旧国鉄で、東京都の道路管理者はそれを引き継いだだけ。ＪＲに聞いてくれ」という返事がきた。

鉄道も道路も、あの低いトンネルは自分の責任ではない、と言い張っている。このトンネルは生みの親を失った孤児のトンネルであった。

なぜ、このトンネルはこれほど低く、狭いのか？

この謎の答えは、近代日本の誕生の中に隠されていた。

海の中を走る蒸気機関車

1872（明治5）年、新橋〜横浜間で蒸気機関車の汽笛が響き渡った。

何千年もの間、日本人にとって車両の動力は牛馬で、船の動力は風であった。

1853（嘉永6）年、米国のペリー提督は巨大な砲を満載した黒船で日本人の前に現れた。その黒船の動力は石炭を燃やした蒸気であった。熱が乗り物の強力な動力になることに日本人は心底から驚き、欧米文明に圧倒された。

その近代文明の象徴の蒸気エネルギーが、蒸気機関車となって日本の国土に登場したのだ。写真が普及していなかったその時代、多くの絵師たちがその蒸気機関車を描いている。新橋停車場や横浜港の風景と共に、絵師たちがその蒸気機関車を描

出典：山口県立山口博物館所蔵

図１　《東京品川海辺蒸気車鉄道之真景》（三代目広重）

いたポイントが高輪付近であった。

新橋〜品川間の高輪付近では、蒸気機関車は海の中を走っていた。海の中を走る蒸気機関車は絵になった。その1枚が46〜47ページの**図1**の三代目広重の《東京品川海辺蒸気車鉄道之真景》である。題名に「真景」とあるのは実際の景色という意味なのだろう。

旧東海道つまり今の第一京浜を多くの人々や馬車が行き交っている。その向こうの海の中の土手を、蒸気機関車が煙を吐いて優雅に走っている。

この絵の土手に注目してほしい。この土手にトンネルが描かれている。一艘の小さな漁舟が、そのトンネルを潜ろうとしている。海の中に土手を築いたため、漁に出る舟のためのトンネルが必要であったのだ。

ここに描かれている小さなトンネルこそ、ＪＲ線の品川〜田町間のあの不思議な小さなトンネルであった。

あの孤児のトンネルの誕生の瞬間を、浮世絵師たちはしっかり描いてくれていた。

◇なぜ、海の中を走るのか？

鉄道開通時には新橋～横浜間の単線だった線路は複線になり、鉄道ルートも東海道線、横須賀線、山手線、貨物線と2本、4本、8本と増えていった。そのたびに、新しい線路は海の線路に沿って増築され、それと同時に、トンネルも沖へ沖へと延長されていった。

海岸は次々と埋め立てられ、漁民もいなくなった。あのトンネルを潜る漁民の小舟は消えたが、周辺住民が線路の下を潜って行くには便利だった。そのため、東京都が道路としてあのトンネルを引き取った。

これが、あの異常に低いトンネルの出生の秘密であった。あのトンネルの生い立ちはわかったが、次にある疑問が湧いてくる。

なぜ、日本最初の鉄道線路は海岸の中に造られたのか？

その謎の答えは江戸末期の古地図をみれば容易に推定できる。江戸末期の古地図の高輪周辺を51ページの**図2**に示す。

新橋の汐留から品川宿へ向かう旧東海道筋には大名たちの中屋敷、外屋敷がびっしりと立ち並んでいる。薩摩藩、肥後藩、細川藩、紀伊家、松平家などそうそうたる大名の名前があり、忠臣蔵の四十七士が眠る泉岳寺の名前もみえる。

明治になっても、かつての旧大名たちはここに居住していた。その旧大名たちが、黒い煙を吐く蒸気機関車が藩邸の横を通るなど絶対に許さない、と反対の声を上げたのだ。

やっかいな用地問題に遭遇した鉄道事業は頓挫するかに思えた。そのとき、突拍子もない案が出された。海の中に土手を築き、その土手の上に蒸気機関車を走らせるというものであった。何しろ海の中に人は住んでいない。漁業を営む漁民はいたが、小舟が通れるトンネルを土手に設ければよい。

こうして蒸気機関車は旧大名たちの邸を迂回して、海の中を走ることとなった。

実は、この優雅に走る蒸気機関車が、日本社会が大転換していく起爆装置となったのだ。

図2　江戸末期の古地図(高輪周辺)

出典:須原屋茂兵衛版　資料提供:古地図史料出版(株)

地形が支えた江戸の封建社会

日本列島は極めて特徴的な地形を持っている。

列島中央には脊梁《せきりょう》山脈が走り、その脊梁山脈から日本海と太平洋に向かって無数の川が流れ下っている。日本各地は山々と海と川で分断されていた。平野といえば、縄文時代には海だった場所だ。その海の跡地に川の土砂が堆積したのが沖積平野であった。人々は稲作のため盆地や沖積平野に住みついたが、これらの平野は山々と海峡と川で分断されていた。

長い戦乱の後、天下を制したのは徳川家康であった。日本に平和が訪れた。江戸幕府に恭順の意を示し、覇権を露わにしなければ、各地の大名は地方の権力者として君臨できた。

世界史の中でも珍しい、確たる封建社会が日本で登場した。

江戸の封建社会の形成と継続は、江戸幕府による参勤交代やお手伝普請《てつだいぶしん》や藩の移封や藩取り潰しなどの政治的、社会的側面で論じられる。しかし、それ以上に、

図３　日本の河川流域区分図

江戸幕府は巧妙な工夫をこらしていた。

江戸幕府は、日本列島の地形を利用したのだ。山々と海と川で分断された地形に即して、各大名の領地を配分した。前ページの**図3**は全国を河川の流域で区分した日本列島の図である。全国諸大名はこの河川流域の中に収まるよう配置された。

大名たちは与えられた領地で、川から水を引き、洪水を防ぎ、農地を開発していった。領地はうまく流域で分けられていたので、領地を開発しても隣国と衝突することはなかった。

流域で分けられた土地に封じられた大名たちは、安定した地方権力を確立していった。

日本列島の流域地形が、権力を地方に封じ込んだ確たる封建社会を構築していった。しかし、この強固な封建社会こそが、次の近代化の幕開けにおいて最大の障害となっていった。

封建から中央集権への脱皮

1853年、黒船が来航した。鎖国を解いた日本は、1868年に元号を明治と改め近代国家へと歩み出した。

蒸気機関というエンジンを持った欧米列国の力は圧倒的であった。彼らはアフリカ、中東、インド、東南アジア、太平洋諸島そして清国を次々に植民地にしてきた。

彼らの植民地政策の原則は「分割統治（Divide and Rule）」であった。その国の権力層の亀裂を拡大させ、地方間の疑心暗鬼を増幅させ、内戦へ誘った。内戦で体力が消耗した頃、傀儡政権を擁立しその国を支配していく。それが植民地化の手法であった。

日本も分割され植民地化される瀬戸際にあった。日本には植民地化を阻止するため、どうしても打破すべき強固な社会体制があった。それは地方に権力が分散していた幕藩封建体制であった。

日本の封建社会は、海峡と山々と川で分断された流域地形に適応していた。この地形で形成された強固な地方主義の封建社会から脱皮しなければならない。地方に分散していた権力と人材と富を首都・東京に集中させ、日本は一丸となって国民国家を構築しなければならない。

明治新政府にとって、廃藩置県は最も重要な政治課題となった。明治維新の様々な政治的葛藤は、廃藩置県を巡って行われたといっても過言ではない。

政権を担った西郷隆盛や大久保利通が、廃藩置県の困難な政治課題の渦中で苦闘しているときに、この封建社会からの脱皮をインフラから実現しようとする人間が現れた。海峡と山々と川で分断されていた地形を貫き、東京へ人々を集める装置を造るというのであった。

それが蒸気機関車であった。

◇鉄道の衝撃

この鉄道計画を推し進めた中心人物は、大隈重信と伊藤博文であった。

さかのぼる十数年前の１８５５年、佐賀藩はアルコールで動く全長30㎝の模型蒸気機関車を日本で初めて製作していた。当時、17歳の若き佐賀藩士だった大隈重信は、この模型蒸気機関車を驚きの眼差しで目撃している。その大隈重信はやがて、日本の近代化にとっての鉄道の必要性を確信するようになった。

蒸気機関車の計画は明治になって具体化した。当初計画は東京〜京阪神のルートであった。しかし、あまりにも費用がかかるため新政府内の大久保利通が西郷隆盛の了解が得られなかった。

これを突破するため、まずは首都・東京と開港した横浜間29kmに敷設することとした。1869（明治2）年、大久保利通や西郷隆盛もその計画をしぶしぶ認めた。

建設区間を新橋〜横浜間に短縮したとはいえ新政府の財政は困窮していた。大隈重信は日本では最初の債券を英国で売り出し、どうにか建設資金を確保した。英国の技術を導入し、新橋〜横浜間の鉄道が実現したのだ。

蒸気機関車を見た日本人たちは心から驚いた。蒸気機関車は東京と横浜をたった1時間で結んだ。多摩川や鶴見川を1分もかからず越えてしまった。それまでの多摩川や鶴見川は、地域を分ける厳然とした境界であった。蒸気機関車はその河川をあっけなく渡り、河川の境界としての機能を消し去ってしまった。

大久保利通の凄さは、この鉄道の社会的な衝撃性を一瞬にして理解したことだ。

あれほど鉄道に反対した大久保利通は、鉄道に乗車した日の日記に「百聞は一見にしかず。愉快に絶えず。鉄道の発展なくして国家の発展はありえない」と記述している。

その後、明治政府は鉄道建設への投資を惜しまなかった。

1889年、新橋から名古屋、京都、大阪、神戸までの全線が開通した。1891年、上野から福島、仙台、盛岡、青森までの全線が開通し、新橋〜横浜間の開業からわずか30年余りで、鉄道網は北海道から九州まで7000㎞を突破した。

江戸の封建社会を支えた分断されていた地形の日本列島は、鉄道によって貫かれ1つに結ばれてしまった。そしてそれを象徴するかのように、1890年に第1回帝国議会が開催された。

この鉄道の出現によって、全国の人々は自分たちを地方に封じ込める時代は終わったことを悟った。地方に封じられていた時代から、国民の力を東京へ集中させる時代の到来を肌で感じ取った。

全国の人材と資金が、鉄道に飛び乗って東京へ集中していった。近代日本の首都・東京の誕生であった。

日本は、欧米列国の分割統治を許さない、東京を中心とした統一の国民国家へ変身した。

日本の明治の政治・社会体制の激変と近代化は、世界から奇跡と言われるほど一気に進んだ。

この日本の奇跡の社会変革と近代化は、多くの英雄や政治的な葛藤や社会改革で論議され、語られている。

しかし、日本列島の流域地形を横串に貫き、日本人を東京へ集中させる鉄道というインフラがこの奇跡をなし遂げたことは語られていない。

1872（明治5）年、新橋で汽笛一声が響き渡った。

その汽笛は、日本人が慣れ親しんできた多様な流域ごとの社会への別離を告げるものであり、東京一極集中の近代文明への号砲であった。

第3章

日本人の平均寿命をV字回復させたのは誰か

命の水道水と大正10年の謎

日本人の平均寿命は世界一である。その理由を列挙すると、日本人の清潔好き、日本の医学の先端性、健康保険制度の充実となる。これを水道インフラと結びつけて議論されることはない。ましてや、近年のペットボトル水の普及で、日本人は飲料水としての水道の重要性を忘れ去っているので、そのようなことには思いもつかない。

しかし、世界の新興国や途上国を見ていると、国民の生命と健康にとって、水道水が最も重要であり、かつ影響を与えていることは疑いようもない。そのことから、私は日本人の寿命と水道の関係を調べ始めた。

これは大きな迷路の入口であった。

日本の近代水道の歴史を丁寧に見ると、一概に日本の近代水道が日本人の命を支えたとは言えない。水道が凶器となり、日本人の命を脅かしていた時期があった。そして、その危険な水道が一転、日本人の命を救っていくこととなった。日本の近代水道の歴史は、このように複雑な経過をたどってきたのだ。

この日本の近代水道の劇的転換に決定的な役割を果たした人物がいた。迷路を抜けて遂に、その人物を探し当てた。

◇――寿命のV字転換

20世紀が終わろうとしている1997年、私は「水道と日本人の寿命」の関係を調べていた。

養老孟司氏の「医療の影響なんて極めて限定的だ。それ以上に、社会インフラのほうが人々の健康に大きな影響を与えている」という言葉に誘発されたのだ。私は「日本人の寿命向上に近代水道が寄与した」という仮説を立て、それを検証しようとしていた。

明治以降の日本人の寿命と水道普及率をグラフにした。そのグラフが奇妙であった。

大正以降、日本人の寿命は水道普及率とともにどんどん伸びている。今では世界でNo.1を誇る長寿大国となった。奇妙だと思ったのは、その寿命の急速な伸びではない。

明治末期から大正10年頃にかけて、寿命が低下傾向になっている。大正10年（1

921年）で最低値の42・7歳になると、その後は一転して上昇し、現在に至っている。そのことが奇妙であった。

日本人の寿命は、大正10年にV字反転を示している。

日本人の寿命と水道普及の関係をいうなら、このV字転換の謎を解明しなければならない。

◇乳児死亡率減少の謎

「その国の国民の寿命は、乳児の死亡率に依存している」。これは良く知られている。乳児の死亡統計を当たった。やはり乳児の死亡率と寿命は、密接な関係を持っていた。

図1が、乳児の死亡率と平均寿命の曲線である。ここで乳児の死亡率と平均寿命は見事に反対の相関になっている。

乳児の死亡率だけでなく死亡数を見てみた（69ページの**図2**参照）。明治末期から大正10年頃まで、乳児の死亡は増加し続けている。そして、大正10年に乳児の死亡

図1　日本人の平均寿命と乳児死亡率の推移

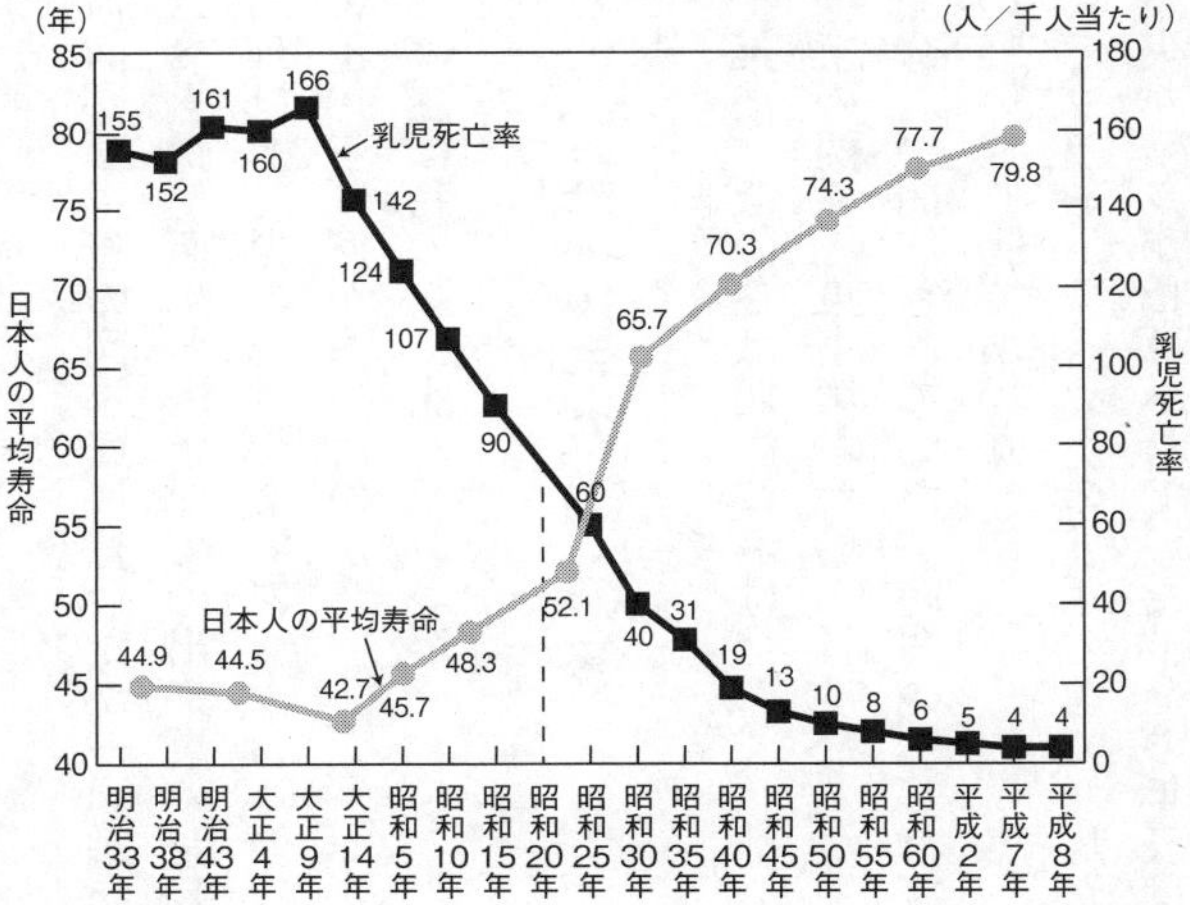

出典：日本経済新聞（1998年7月3日）「経済教室」と、厚生省『人口動態統計』をもとに著者作成

は減少に転じている。単に転じたのではない。劇的に減少に転じている。

　大正10年には年間33万人に増加した乳児の死亡数は、一転して減少していく。その減少傾向は、21世紀の現在まで継続している。

　これはただ事ではない。保健衛生の記念されるべき歴史的出来事があったに違いない。それを調べるため、当時の厚生省の図書館へ足を運んだ。当時、インターネットという武器がなく、文献調査は足で稼ぐしかなかった。

何回か厚生省の図書館に行ったが、図書館のどの本にも、大正10年前後に記録されるべき保健衛生と医学界での出来事の記載はなかった。

あれほど乳児の死亡が劇的に減少したのに、何も記録がない。

大正10年に何があったのか？

この謎は私の胸に沈んでいった。

「大正10年の謎」の解

1年後、その謎は偶然に解けた。

仕事の関係で東京湾お台場へ行った。たまたま、お台場では東京都水道100周年記念展が開催されていた。時間つぶしでブラブラと見学をした。水道展は一般向けの軽い催し物であった。

あるプラントメーカーの展示の前で、足が動かなくなった。そこには、水道の歴史年表パネルが掲げられていた。その年表は、民間業界から見た100年の歴史であった。

そのパネルには「大正10年（1921年）、東京市で水道の塩素殺菌が開始される」とあった。

大正10年に水道の塩素殺菌！

これが乳児の死亡率の劇的転換の理由であった。

水道の原水はさまざまな雑菌を含んでいて、塩素で殺菌されて安全になる。殺菌されない水道水は、危険極まりない。大人は腹をこわす程度で済むが、体力のない乳児にとっては命の問題となる。

改めて近代水道の歴史を調べてみた。驚いたことに、塩素殺菌がされないまま35年間も水道水の配水がされていた。

明治20年（1887年）、横浜市で日本最初の水道が給水開始された。その後、明治22年に函館市、明治24年に長崎市、明治28年に大阪市、明治31年に東京市と広島市、明治33年に神戸市、明治38年に岡山市、明治39年に下関市、明治40年に佐世保市と、次々に水道が開始されていった。

その35年間、殺菌されない水道水が配水されていたのだ。

◇なぜ、水道水は殺菌されなかったか？

明治の近代水道が誕生する以前、ヨーロッパではドイツ人のロベルト・コッホが「感染症には、目には見えない微生物の細菌が関与している」と主張していた。コッホは１８７６（明治９）年に炭疽《たんそ》菌を、１８８２年に結核菌を、その後もコレラ菌を発見して世界中に衝撃を与えていた。１９０５年にコッホは、ノーベル生理・医学賞を受賞している。

北里柴三郎はコッホに師事し、細菌学を日本に初めて紹介した。しかし、水道水が殺菌されたのは大正10年であった。つまり、明治20年から大正10年までの35年間、水道が普及すればするほど、殺菌されていない危険な水が広く配られていたことになる。

図2は、その痛ましい歴史の図である。

データがある明治32年以降の乳児死亡数を棒グラフにして、そこに全国の水道の開始年を書き入れた。水道が普及するに伴い、乳児死亡数が増加している。

図2　乳児死亡数と水道

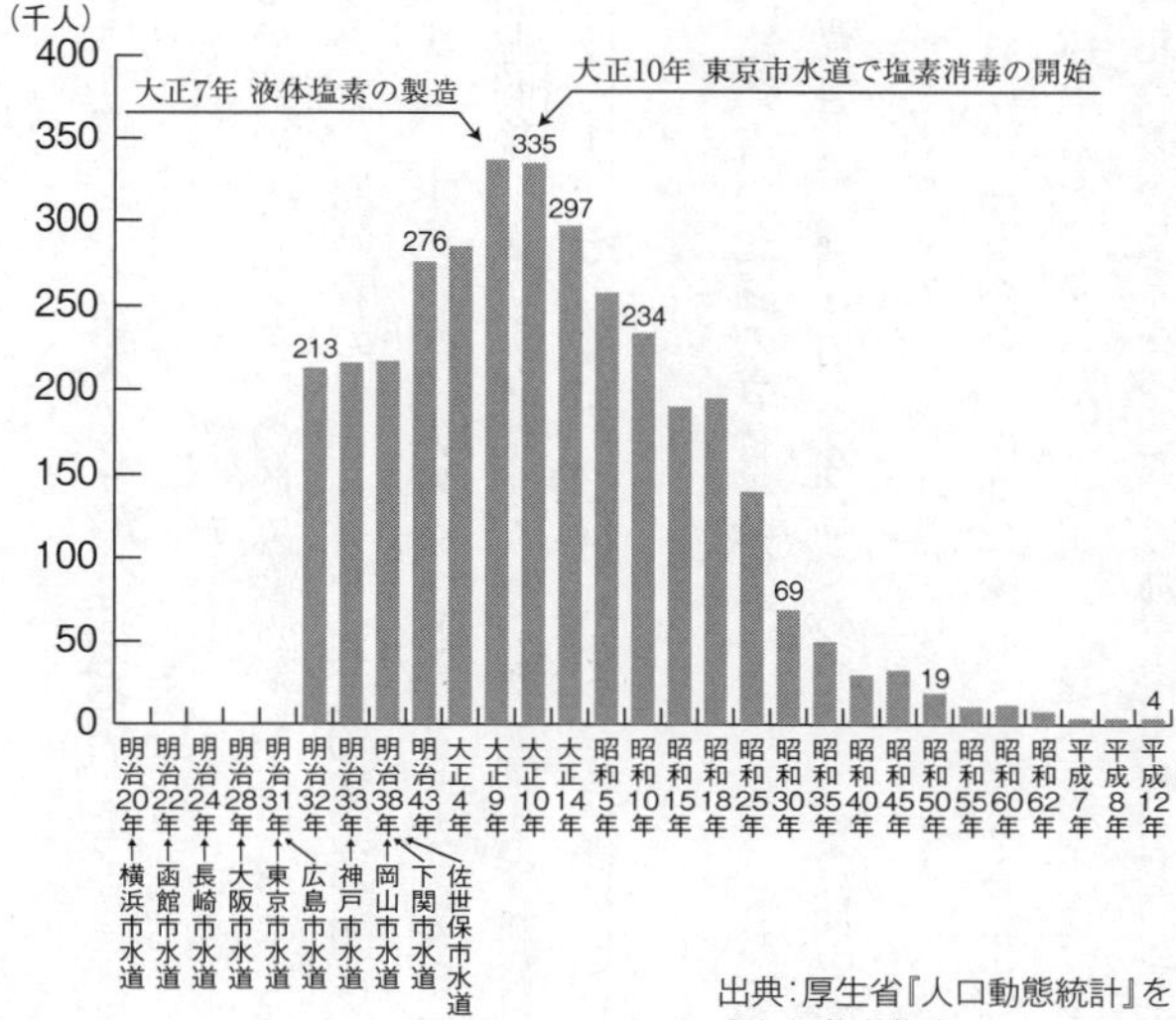

出典：厚生省『人口動態統計』をもとに著者作成

大正10年に水道の塩素殺菌が行われると、一転して乳児の死亡数が減少している。

大正10年の謎は解けた。しかし、また次の疑問が湧いてきた。細菌の知識は20世紀初頭には日本に入ってきていた。

なぜ、その後も水道水は放置されていたのか？

この疑問が解けるまでには、さらに1年の時間が必要だった。

ロシア革命と液体塩素

多分野のエンジニアの飲み会があった。そこで重化学メーカーのエンジニアと隣になった。酒の肴のつもりで、大正10年の疑問を彼に投げてみた。「どうして大正10年まで、水道水が塩素殺菌されなかったのか？」という疑問である。

2週間後、彼から郵便物が届いた。その手紙には「水道の塩素滅菌には液体塩素が必要だが、その液体塩素は大正7年に開発された」と丁寧にしたためられていた。

一緒に古い記録のコピーが入っていた。それは現・保土谷化学工業㈱（当時は㈱程谷曹達工場）の社史の写しであった。その社史のコピーには確かに液体塩素の誕生が記されていた。

それには「シベリア出兵に際し、陸軍から毒ガス製造を依頼された。それに応じて液体塩素を開発した。しかし、シベリア出兵はすぐ終了してしまったので液体塩素の使い道がなくなった。これを民生利用として水道水の殺菌に転用することとなった」という内容が、文語体で簡単に記されていた。

シベリア出兵は大正7年（1918年）に開始された。その前年の大正6年（1917年）にロシア革命が起きた。

シベリア出兵の名目は、トロツキー率いるボルシェビキ革命赤軍と闘っていたチェコ軍団の救出であった。この出兵は皇帝側の白軍を押し立てて、満州鉄道と東部3州の支配を強めようとする狙いもあった。

当初、シベリア出兵は日本とアメリカの共同作戦で展開された。しかし、日本が本格的な3個師団7万人を投入したのを見て、アメリカは日本を警戒し始めた。結局、アメリカはシベリア出兵に反対する立場を取るようになった。日本はアメリカの強硬な反対により、大正10年シベリアから撤兵を開始し、大正11年に撤退を完了した。

このシベリア出兵という歴史の中で、液体塩素が誕生していた。

塩素ガスは猛毒である。敵を殺傷する兵器として以前から注目されていた。ただし、塩素ガスは気体で流動性があり、容量も大きく扱いが難しい。ガス状の気体のままでは武器になりにくい。液体にすれば、性状は安定し、容量も小さくなって扱いやすい。そのため、日本陸軍から化学メーカーに対して液体塩素の開発が要求された。㈱程谷曹達工場がそれに応えて、液体塩素の製造開発に成功した。

しかし、シベリア出兵はあっという間に終了してしまった。液体塩素の製造プラントは無駄になってしまった。程谷曹達の関係者は、このプラントの前で呆然としたにちがいない。一転、この液体塩素は水道水の殺菌という民生利用の活躍の場を得た。

液体塩素が誕生していたので、水道水の塩素殺菌が実現したのであった。

しかし、また次の疑問が湧いてきた。

この液体塩素を民生に転用したのは、いったい誰だったのか？

◇いったい誰が？

大正10年、陸軍がシベリアから撤退と同時に、間髪を容れず液体塩素は水道水の殺菌のために転用されている。あまりにもタイミングが良すぎる。まるで陸軍がシベリアから撤退するのを待ちかまえていたかのようだ。

一見してきれいな水道水にも細菌という病原体が大量に存在している。その知識はある程度一般国民にも広まりつつあった。

しかし、その細菌を的確に死滅させる方法を知っていたのは、生化学の最先端の専門知識を持つ者だけであった。

塩素は水の殺菌に有効である。しかし、塩素はガスのままだと危険で取り扱いにくい。液体塩素なら容易に水道水殺菌の塩素量を制御できる。

当時の日本で、この知識を持っていた人間は誰だったのか？

それ以上に、液体塩素の使用には厳しい社会的制約があった。いくらシベリア出兵が終わろうとしていたとはいえ、毒ガス兵器の液体塩素は国家の極秘事項であった。

液体塩素は、陸軍の厳しい監視下にあったはずだ。陸軍がシベリアから撤退するか、しないかのときに、その液体塩素がいとも容易に民生に転用されている。

いったい誰が、この毒ガス兵器を民生に転用したのか？

この謎は、手強かった。東京都の水道局に問い合わせた。しかし、そのような昔の話は相手にしてもらえなかった。陸軍内部の当時の記録などもちろん見つけられない。

大正10年の液体塩素による殺菌まで解明できたのは偶然だった。偶然はそれほど続くわけがない。もうこれ以上の謎解きはあきらめていた。

◇――後藤新平だった！

首都圏と大震災に関するシンポジウムに招かれた。首都の震災を議論するには、後藤新平を避けて通れない。

大正12年、関東大震災が首都を襲った。その年、帝都復興院総裁となったのが後藤新平であった。彼は震災後の壮大な東京復興計画を立案し政府に提案したことで有名である。

シンポジウムに備えて後藤新平を調べていたところ、なぜ、後藤新平が帝都復興院総裁に任命されたのかがわかった。彼は大震災の3年前の大正9年、東京市長だった。

大正9年に東京市長だった！

ということは、大正10年に東京市で最初に水道水を塩素殺菌したときの市長であったのだ。さかのぼって後藤新平の経歴を追ってみた。初めて知ったが、後藤新平は医学博士であった。

後藤新平は「大風呂敷」というあだ名があったように、そのイメージは奔放であった。台湾総督府民政長官や満鉄総裁時代に実行したインフラの整備が有名なため、法科か土木工学出身だと思い込んでいた。

彼は岩手県水沢市の下級藩士の家に生まれ、福島県須賀川医学校を卒業後、内務省衛生局に入っている。そこで彼は自費でドイツに留学している。自費でドイツへ行った目的は、「コッホ研究所」で細菌の研究をすることであった。

後藤新平はコッホ研究所で医学博士号まで獲得している。彼は当時の日本で北里柴三郎と並ぶ細菌学の権威者であったのだ。

後藤新平の政官界での派手な活躍に目を奪われていたが、彼の人生の立脚点は細菌学であった。

細菌学の博士が東京市長だった。

夢中になって、後藤新平の経歴を追った。さらに驚いたことに、彼は東京市長になる2年前、大正7年に外務大臣に就任していた。大正7年はシベリア出兵があった年である。なんと、彼は外務大臣としてシベリアへ行っていた。シベリア現地でシベリア出兵作戦を指揮していたのだ。

細菌学の専門家・後藤新平は、そのシベリアで「液体塩素」と出会っていた。その2年後、彼は東京市長となった。

東京市長になった後藤新平は、東京市の水道施設を視察した。そこで細菌を大量に含んだ水道水が、市民に向かって送り出されているのを目撃した。それを目撃した後藤新平が「液体塩素で水道水を殺菌すべき」と考えたのは必然であった。

また、後藤新平は陸軍の横やりを抑え、国家機密である液体塩素を民生転用する「権力」も備えていた。

最後の謎が解け、ジグソーパズルの最後のピースがはまった。長い間、胸に引っかかっていた棒がストーンと落ちていった。

「細菌学者」後藤新平は「外務大臣としてシベリアで液体塩素」と出会った。彼は「東京市長」となり、東京水道の現状を目撃した。彼は、陸軍を抑えて軍事機密の

写真１　後藤新平

出典：国立国会図書館デジタル化資料より

液体塩素を民生へ転用する「権力」を持っていた。

これらの条件のうち、どの条件が欠けても、大正10年に安全な水道水の誕生はなかった。

この大正10年を境に、日本は世界でもまれな長寿社会へ向けてスタートを切った。

文明の大きな転換が、このようにある個人の運命的な人生に依っている。

何ともいえない不思議な思いに包まれてしまった。

第4章

なぜ家康は「利根川」を東に曲げたか

もう1つの仮説

400年前、徳川家康は利根川の流路を東の銚子に向けて付け替えた。「利根川東遷《とうせん》」と呼ばれる工事である。本来、利根川は南下し東京湾に流れ下っていた。江戸に入った家康は、この利根川の付け替え工事を重要なものと位置付けて、四男の松平忠吉を責任者として現地に配置した。

家康がそれほど重要と見ていたこの付け替え工事の目的は、何であったか？

私は『日本史の謎は「地形」で解ける』（PHP文庫）の第1章で、家康のこの工事の目的を「地形」からの観点で述べた。

つまり、利根川の洪水を銚子に向け、南関東を利根川の洪水から守り、肥沃《ひよく》で広大な農地を開発する、というものであった。しかし、この「利根川の水との戦い」説もあくまで一つの仮説である。家康のこの工事の目的は他にも考えられる。それもやはり「地形」からの見方である。

家康は「利根川の水と戦う」のではなく、「利根川の水を味方にする」というまったく反対からの観点である。

地形という限られた分野でも、このように歴史の解釈は分かれていく。歴史小説が不滅であることが理解できる。

◇家康の鷹狩

家康の鷹狩は有名である。生涯に1000回以上は行ったと伝わっている。駿府に隠居してからは単なる娯楽だったのだろうが、それ以前の鷹狩は間違いなく「地形調査」であった。

戦国は兵士たちがぶつかり合う白兵戦である。そこでは有利な地形を確保するのが絶対的条件であった。

幼い頃から戦いに明け暮れていた家康は、事前の地形調査の重要性を熟知していた。

ただし、戦闘が開始されてない段階で、隣国に接する土地を傍若無人に歩き回れば、挑発となり相手に力を与えてしまう。そのため、鷹狩という遊びの姿をとったのだ。

鷹狩一行は大陣容であった。次ページ**図1**の東照宮御祭礼で鷹狩行列を再現した絵巻でも、何人もの鷹匠《たかじょう》が列をなしている。

図1　東照宮御祭礼絵巻の鷹匠の列（部分）

狩野常信筆　所蔵：日光東照宮

戦いで血を流す勝利より、力の差を見せつけ、戦わずして屈服させるにこしたことはない。鷹狩は自軍の威容さを見せつける目的も兼ねていた。示威活動とわかっていても、鷹狩と言われれば他陣営も文句は言えないし、自分たちの面子《メンツ》も保てた。

１５９０年に江戸に移封されて以降、家康の鷹狩は重要性を帯びていった。

◇関東の地形調査

１５９０年、豊臣秀吉は関東支配者の北条氏を屈服させた。実質的に天下統一を成し遂げると、秀吉は即座に家康を駿府から関東へ転封させた。

この転封は2つの点から左遷であった。

まず、江戸城から見る関東平野は見渡す限り不毛のアシ原の湿地帯であった。さらに、応仁の乱以降、関東一円は何十年間も北条氏の支配下にあった。秀吉に屈服したとはいえ、北条氏の息がかかった豪族が関東各地に構えていた。

家康の家臣団は、この江戸への転封という秀吉の仕打ちに激高した。

しかし、家康には怒っている暇はなかった。一刻も早く広大な関東を傘下に治める必要があった。時は天下分け目の関ヶ原の戦いの10年前、豊臣家との戦いは迫っていた。

家康は荒れ果てていた江戸城の修復もせず、関ヶ原の戦いまで江戸を空けて鷹狩に出かけていた。家康の鷹狩の言い伝えは関東各地に残っている。江戸から西に広がる武蔵野台地、多摩川から横浜、三浦半島、北の秩父、群馬、さらに東の房総半島に及んでいる。

家康の威風堂々の行軍に各地の豪族は圧倒され、関東は家康の支配となっていった。家康はこの地形調査旅行で、関東防衛の重大な弱点を発見した。

関東防衛の仮想敵は奥州の若き覇者・伊達政宗であった。北条氏と同盟関係にあった伊達政宗は、東北から関東を視野に入れる勢いを示していた。

◇天然の要塞の関東平野

図2は、コンピュータによる現在の関東地方の陰影地形図である。

図3は、約6000年前の縄文前期時代である。縄文前期時代、海面は5m上昇していた。この図はコンピュータで海面を5m上げたもので、当時の関東平野は海面の下にあったことがわかる。

86ページの**図4**は、家康が江戸入りした当時の関東である。

江戸時代になると、海面はすでに低下していた。海だった跡地に、利根川や荒川が土砂を運び込み、その土砂は堆積しアシ原の大湿地を形成していた。白い部分が広大なアシ原を示している。

雨が降ったり、江戸湾で高潮が発生すれば、アシ原一帯は何日間もぬかることとなった。

図２　現在の関東

図３　縄文前期の関東（海面５m上昇）

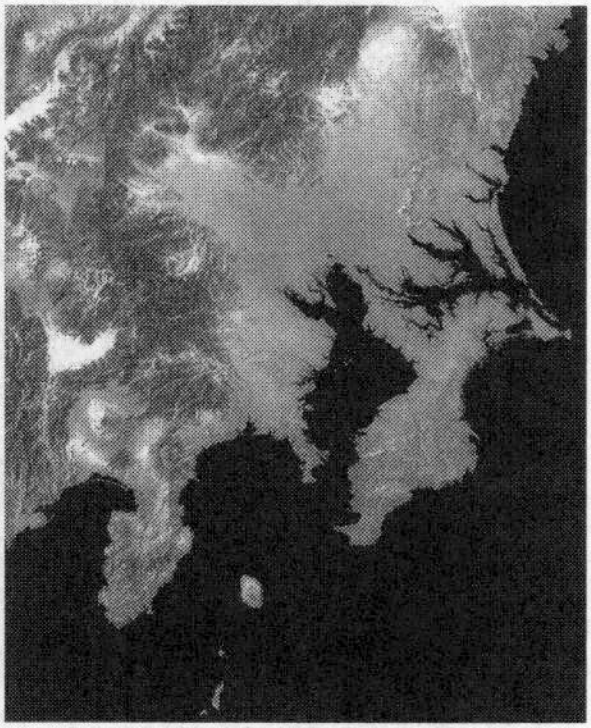

6000年前には海面が５mほど高かったので、海は関東地方の奥深くまで入り込んでいた。　提供：一般財団法人日本地図センター

この湿地帯は防衛上極めて有利であった。湿地は水深が浅く、軍勢を乗せた船は行き来できない。行軍する兵士も泥沼に足を取られれば、弓矢の格好の的になり射ぬかれ放題となる。

関東の西側は、箱根、富士、山梨、群馬に連なる険しい山々に囲まれていた。東側には、何本もの川と大湿地が広がっていた。関東は天然の要塞であったのだ。

ところが、この盤石の要塞に鬼門があった。鬼門はいつも東北の方角にあるようだ。平安時代の鬼門は長岡京から見て東北の方角の逢坂であった。江戸の鬼門も東北の方角にあった。それ

図４　江戸時代以前の関東（アシ原）

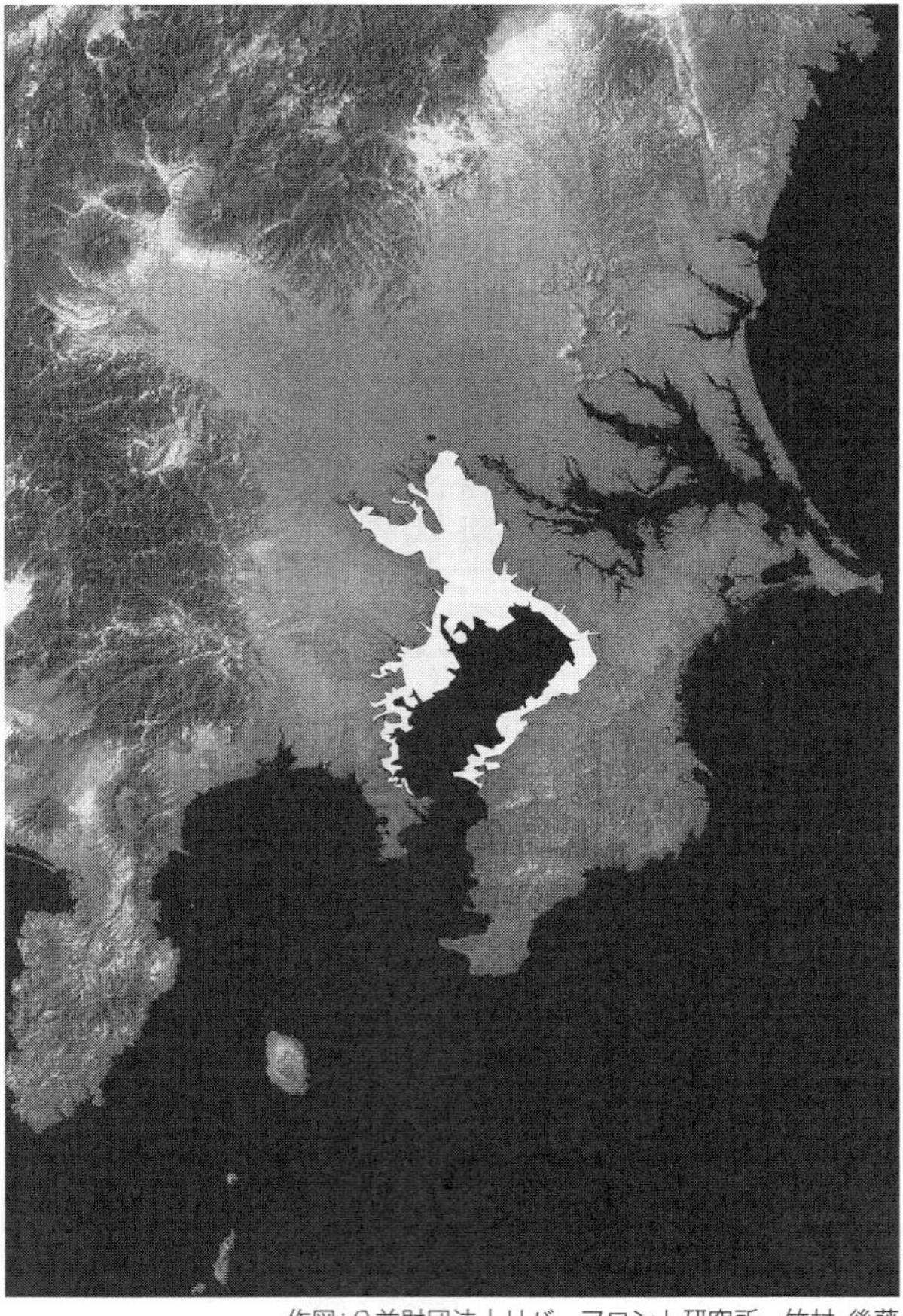

作図：公益財団法人リバーフロント研究所　竹村・後藤

は現在の埼玉、茨城、千葉の3県の県境の関宿《せきやど》であった。

◇江戸の鬼門、関宿

89ページの**図5**は江戸時代の関東の川を再現した図である。秩父山地から荒川が流れ、浅間・三国・赤倉から利根川が流れ、足尾から渡良瀬川が流れ出していた。関東平野に出ると3河川とも東から南に向きを変え、湿地の中を江戸湾に流れ込んでいた。

3本の川と湿地は、江戸を東北の脅威から二重三重に守っていた。さらに、関東平野の東端では、日光山系からの鬼怒川が流下し、小貝川と合流して手賀沼、印旛《いんば》沼、霞ヶ浦の大湿地帯を形成していた。これほど多くの川と湿地に守られていた関東平野に、一箇所「橋」が架かっていた。それは自然の地形の橋であった。

図5で、関宿で北関東と房総半島がわずかの幅で繋《つな》がっている。

東北の伊達軍団は、この関宿から一気に房総半島に南下できるのであった。

◇東日本の玄関、上総《かずさ》

中世以降、現在の千葉県の房総半島は東日本の重要な戦略地点であった。

太平洋を船で関西から東北へと向かうと、房総半島の先端で大きな難所と出会うこととなる。

日本列島沿岸では、南から北に黒潮が流れている。その黒潮は銚子の沖で、南に向かう親潮とぶつかる。ぶつかった黒潮は、房総半島に沿って太平洋へ流れ去っていく。この黒潮に乗ってしまうと太平洋の彼方へ流されてしまう。高知の漁師のジョン・万次郎が太平洋へ漂流したのは、この潮流に乗ってしまったからだ。91ページの**図6**で、今でも黒潮が太平洋に流れているのがわかる。

銚子沖で激しく流れる幅１００km以上の黒潮を横断するのは極めて危険であった。そのためやむなく船を下り、陸路で東北に向かうこととなる。その上陸地点が房総半島であった。特に、房総には船が接岸できる岩場の館山、富浦、上総湊、君

図５　江戸時代の関東平野の河川再現図

作図：公益財団法人リバーフロント研究所　竹村・後藤

津、木更津、袖ヶ浦の良港が連なっていた。

房総の南部が「上総」と呼ばれるのも、京都から近いことを示している。つまり、京都から見れば、房総南部の上総は東日本の玄関口であった。この上総を制すれば、江戸湾の制海権を掌握できる。江戸湾の制海権を制するということは、関西への海上ルートも制することを意味した。

敵が関宿を南下して上総を占拠し、江戸湾を制すれば江戸は危機に陥る。

家康はこの関宿という関東の弱点を発見したのだ。

家康の作戦

この関東の弱点に対する家康の防衛作戦は徹底していた。

まず、江戸城から船橋への運河を建設した。小名木《おなぎ》川と新《しん》川の建設であった。この工事は1590年代に最優先で実施された。

この小名木川と新川運河により、悪天候でも江戸湾の波に影響されず船橋に到達できた。この2つの運河は高速の軍事用運河だった。本運河の建設の詳細は『日本

図6　黒潮の流れ

海上保安庁の海流予測（2007年11月20日）

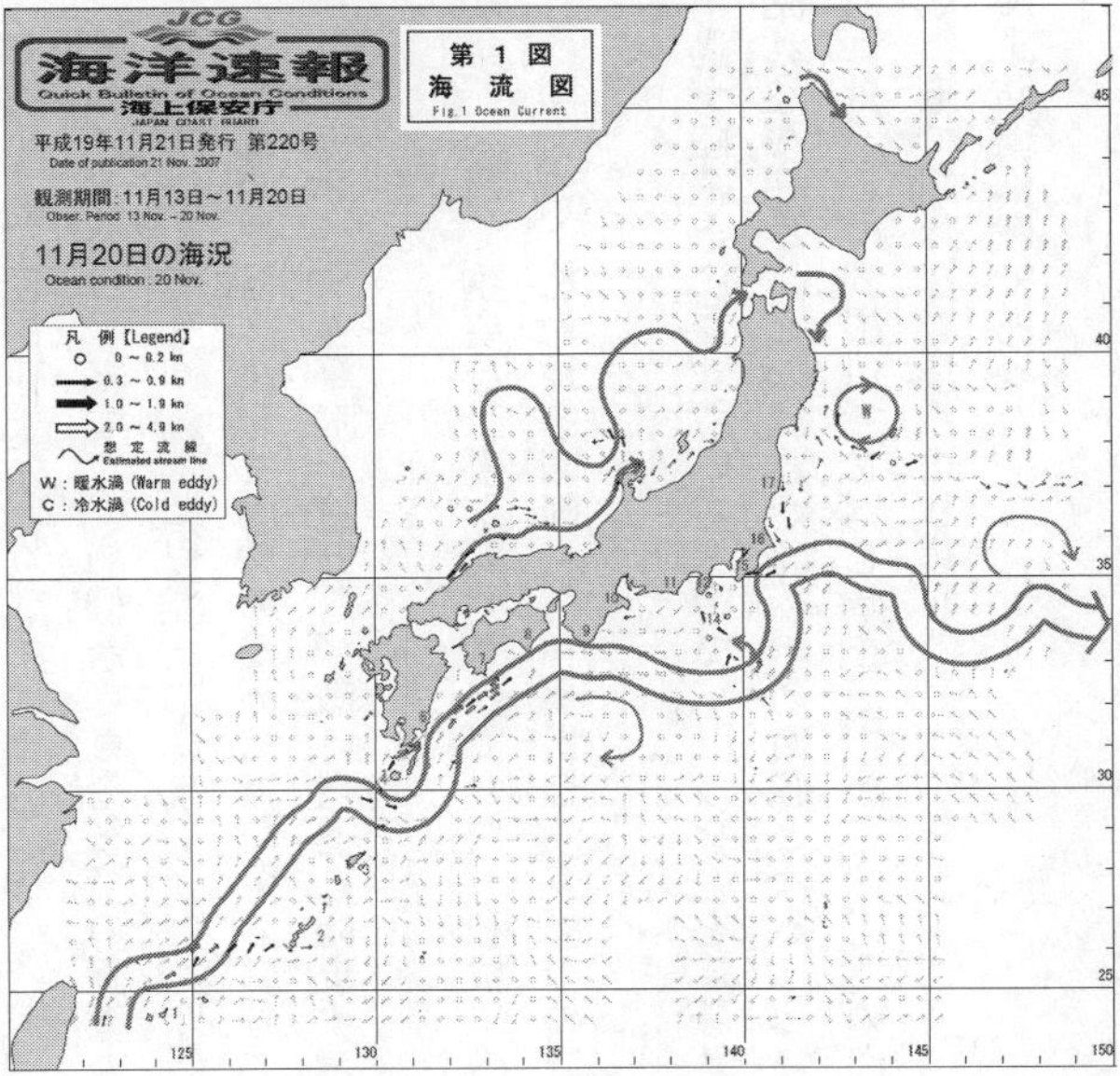

史の謎は「地形」で解ける』（PHP文庫）の第9章で述べた。

さらに家康は大坂の陣が終わってすぐ、船橋から東金《とうがね》までの直線の「御成《おなり》街道」を建設した。どの資料を読んでも、「御成街道」は鷹狩のためと記述されている。

しかし、40㎞近い直線道路は、決して鷹狩のためではない。鷹狩で直線道路など必要としない。それは素早く房総半島を遮断し、敵の南進を阻止する軍用道路であった。

一方、1594年、関宿で重要な工事が開始されていた。利根川の会《あい》の川締切り工事である。これは関宿で下総《しもうさ》台地を開削し、利根川と渡良瀬川の流れを東へ導くものであった。

北関東と房総半島が陸続きになっている関宿で、巨大な堀を造る。その堀へ利根川と渡良瀬川を流れ込ませる。その流れが北への防衛線となる。

いったん事があれば、この利根川でしばし敵を足止めさせ、その間に小名木川、新川の運河と御成街道で軍隊を素早く送り込む。

これが家康の関東防衛作戦であった。

利根川東遷のもう1つの仮説

1621年、下総台地が開削され、利根川の流れが銚子に向かった。家康が工事を開始してから30年が経過し、3代将軍家光の時代になっていた。

その後も、江戸幕府は利根川の拡幅工事を止めなかった。

その時代、もう東北の伊達の脅威などなかった。しかし、江戸幕府は憑かれたように利根川の拡幅と掘り下げを継続していた。1809年、11代将軍家斉の時代、利根川の川幅は73mにまで広がっていた。

すでに、利根川東遷の目的は伊達への防御ではなかった。利根川を銚子へ導き関東平野を洪水から守り、湿地の関東平野を乾田化する目的となっていた。

家康が始めた利根川東遷は、日本一の関東平野を誕生させた。

明治維新の際、この関東平野に全国各地から人々が集結した。関東平野は日本人が力と知恵を合わせ近代化を成し遂げる舞台となった。

利根川東遷は関東平野を生み出し、日本文明の進路に決定的な影響を与えたのだ。

以前、私は家康の利根川東遷を「湿地の関東を穀倉地帯にするため」と述べた。しかし、それは1つの仮説でしかなかった。

家康が利根川東遷に着手した理由は何か？　本稿の伊達政宗への防衛だったのか。今となっては家康の頭の中は覗けない。家康は自分の考えを直接記述してもいない。そのため、後世の私たちは、あれこれ推測して楽しむことができる。

家康は現場を歩き、地形を観察し尽くしていた。家康は日本史上最高級のフィールド・ワーカーであった。

かつては土木現場の山々を歩いた私はこの一点で家康を尊敬している。

第5章

なぜ江戸は世界最大の都市になれたか①

「地方」が支えた発展

21世紀の今、日本の都市の中では東京が一人勝ちしている。東京駅を中心とする中央区のどの交差点に立っても、ビル建設のタワークレーンが見え、活気が伝わってくる。

1958年に東京タワーが生まれ、6年後には東京オリンピックが開催された。2012年にさらに高いスカイツリーが生まれ、2020年にふたたび東京オリンピックが開催される。この東京の活性化と一人勝ちは異常とも言える。

東京に住む人々は、東京の発展とその活性をなんら不思議と思っていない。東京の発展と活性は、自分たちの活躍の成果であると思っている。

しかし、そうではない。

東京の発展の基盤は、全国の人々の知恵と資金と労力によって造られた。そして、東京の活性化は地方の人々によって支えられている。これは抽象的な言い回しではない、極めて具体的な事実なのである。

その東京と全国の地方との関係は、今に始まったのではない。

東京と地方の関係は、400年前から江戸と地方の関係として形成されてきた。そのため、江戸の生い立ちを見ることは、東京の本質を知ることとなる。

◇地方の資金と労力で誕生した江戸

1603年、征夷大将軍に任じられた徳川家康は京都から江戸に戻った。このときから江戸は日本の首都になった。

この江戸を首都にするにはやるべき工事が山ほどあった。徳川幕府は一時も休むことなく江戸の都市づくりに向かっていった。その一つに隅田川の洪水から江戸の街を守る堤防工事があった。

浅草から三ノ輪までの高さ3m、幅8mという大きな堤防が、徳川幕府の命令で全国の80余州の大名によって60日余りで完成した。日本中の大名が建設に参加したので「日本堤」と呼ばれるようになった。

この工事は、大名たちが徳川幕府へ忠誠を示すためのものであり、資金も労力も各地の大名が負担した。幕府の命令で行われる工事は「お手伝普請」とも呼ばれた。

徳川幕府が他藩に命じたお手伝普請は、この隅田川の日本堤から始まったわけではない。徳川家康が行った江戸の都市づくりは、日比谷の埋立て工事から開始された。しかし、この日比谷の埋立て工事も、30藩を超える大名によるお手伝普請であった。

当時、江戸湾の海水は今の皇居内の汐見坂の下まで入り込んでいた。海に面した高台の江戸城は海運には便利だが、海からの不意の攻撃には弱い。家康は日比谷の入江を埋め立てることとした。

神田から駿河台の高台を削り江戸湾を埋め立てて、現在の日比谷から新橋、銀座、京橋、日本橋、八丁堀が生まれた。皇居前広場から地形が延々と平坦になっているのは人工の埋立地だからだ。

また、江戸を中心に東海道、甲州街道、中山道、日光街道が放射状に整備されたが、これらの街道もお手伝普請によって造られた。江戸の街の堀割や運河の工事、上水道を江戸市中に導く工事もお手伝普請によってなされた。

街だけでなく江戸城もお手伝普請によって築造された。江戸城の本丸は地震や火事で焼失してしまったが、現存している皇居前広場の大手門は伊達政宗のお手伝普請によって築造されたものである。

江戸の都市インフラは、地方の大名たちの財力で次々と整備されていった。ここで、地方大名たちの財力とは、領民から集めた年貢であったことは言うまでもない。

つまり、江戸の都市インフラは、全国の地方の人々の年貢で整備されていったのだ。

◇参勤交代とはなにか

江戸の都市インフラ、つまり江戸の下部構造が、地方の人々の資金と労力で整備されただけではない。

下部構造の上に花開いた江戸の上部構造の商業、文化、芸術の繁栄も、地方の人々に依存していた。それは決して抽象的な概念ではない。地方が江戸の繁栄を支える具体的なシステムが存在していた。

それは「参勤交代」であった。

関ヶ原の戦いの2年後の1602年、家康にとって最大のライバルであった前田家は、自分の家族を江戸へ住まわせた。前田利長自身も定期的に江戸を訪れるようになった。力をつけた家康への配慮から、他の外様大名たちも家族を江戸に住まわせ、定期的に江戸へ参上するようになった。

家康の時代から始まったこのシステムを、3代将軍家光は「武家諸法度」に付け加えた。親藩も含めすべての大名に参勤交代が義務付けられたのだ。

大名たちは妻子を江戸に住まわせ、2年に1度、自分は領地と江戸の間を行き来する。妻子は江戸に住んでいたため、江戸中期になると、ほとんどの大名は江戸生まれになっていた。こうなると妻子が江戸の人質というより、大名が地方の領地へ単身赴任するという構図となる。

現代のサラリーマンたちも東京から離れない妻子を人質に置き、地方に単身赴任していく。各地方の代表である地方選出の国会議員の多くも家族を東京に住まわせ、東京人として生活している。

世界中に不思議がられている日本の単身赴任は、近代化の中で登場してきたものではない。400年もの年季が入ったしぶとい日本人の生活習慣なのだ。

現代の単身赴任は1人で動く。しかし、江戸時代の参勤交代は100人から数百

図1　『東海道五十三次』《日本橋・朝之景》(歌川広重)

出典:国立国会図書館デジタル化資料より

人の移動であった。加賀前田藩の4000人という大移動もあったという。これらの大所帯が移動すれば、当然費用がかかる。

街道筋はこの参勤交代のおかげで繁盛した。宿泊滞在に伴って様々な物資が購入され、商業、工業、農業が発展する原動力となった。

しかし、この参勤交代でもっとも利を得たのは江戸であった。**図1**は広重の『東海道五十三次』の1番目の「日本橋」である。

江戸の繁栄は参勤交代で

大名たちの江戸での生活は費用がかかった。諸大名は江戸で家族の上屋敷、控えの中屋敷、郊外の別荘や倉庫を兼ねた外屋敷などを持ち、江戸常勤の家臣を多数召しかかえる必要があった。

江戸での大名たちは純粋な消費者であった。江戸には生産する土地もなく、働いてくれる領民もいない。江戸ではただただ消費を行うのみであった。その経費を捻出するため、諸大名は自藩の農作物、海産物、衣料そして工芸品を江戸や大坂、京都に運び込み貨幣に換えた。

江戸には全国の物資や金銀が集まり、江戸の消費経済は繁栄をみせていった。消費とともに盛り場や遊郭が生まれ、芸能や演劇が育ち、浮世絵や美術品が制作され、世界でも屈指の洗練された江戸文化が花開いていった。

文化は消費である。

その消費する文化にはパトロンつまり支援者が必要となる。支援者がいなければ文化は成立しない。この江戸文化を支えたのは消費する大名や商人たちであった。

そして、この江戸で消費する大名たちを支えていたのは、地方の人々であった。

そう、江戸文化の真のパトロンは、全国各地の地方の人々であった。

江戸っ子たちは自分たちが江戸文化を生んだと自慢し、地方の人々を田舎者と馬鹿にした。しかし、その地方の人々が江戸のパトロンであった。

江戸の下部構造の都市インフラは「お手伝普請」で地方の人々によって整備された。江戸の上部構造の消費と文化は「参勤交代」で地方の人々に支えられていた。

江戸はすべての面で、地方に支えられていた。

◇現代の東京への参勤交代

明治になり江戸は東京となったが、東京が地方に支えられる構造はなんら変化しなかった。

明治政府のインフラ投資は、東京圏を最優先させた。

街道に代わって国鉄の東海道線、横須賀線、中央線、東北線、常磐線と東京を中心に放射状に整備され、都内では環状の山手線が整備された。これらの整備には、全国の人々から集めた税金が投入された。

鉄道以外の道路、街路、河川改修、港湾、下水道、地下鉄、飛行場と、東京のインフラは最優先された。もちろん東京都民の一部負担もあったが、これらも全国から集めた税金によって整備されていった。

全国から集まった税金を投入していく現代版「お手伝普請」で、東京の近代インフラは最優先で整備されていった。

一方の東京の消費はどうだったのか?

江戸時代、消費生活を支えたのは地方の大名たちであった。彼らの消費は江戸の経済と文化の繁栄の源であった。

現在も多くの地方の人々が東京で消費し、東京の経済と文化を支えている。その消費を端的に表しているのが東京の「学生」である。

学生は純粋な消費生活者である。実家から仕送りを受けて消費生活をしている。アルバイトをしても、その収入は貯蓄に回らず、消費に向けられる。この東京で純粋に消費活動をしている人々、それが学生である。

文部科学省の全国学校総覧によると、全国の専門学校と大学を合わせた７０００校のうち１割が東京都内にあり、全国学生総数約４００万人のうち4分の１の約１００万人が東京都内にいるという。

明治大学が調査したデータでは、明治大学の学生の40％が下宿や寮やマンション生活をしているという。

この明治大学のデータの40％を利用すると、都内の学生１００万人のうち地方から上京して東京で生活している学生数は40万人となる。

学生たちは一人平均して月々いくら送金されているのだろうか？　手元にデータはないが、10万円の仕送りを受けていると仮定してみよう。

そうすると毎月毎月、地方から東京へ４００億円の現金が送られてくることとなる。毎月、学生を通して４００億円の現金が東京に集金され、純粋に消費されているのだ。

送金する人は地方のサラリーマン、商店、農業、漁業、地方公務員の親たちである。

今の学生たちが卒業しても、毎年毎年、新しい学生が地方から補給され続ける。

この学生の存在は、尽きることのない東京への集金システムの一つであり、東京での消費システムである。

東京で消費生活をする学生とその学生に現金を送り支える地方の親たちは、現代版の参勤交代である。

◇東京の人々が知らないこと

家康が江戸に入って以降の400年間、東京のインフラは地方の人々によって休むことなく整備され続けてきた。この東京が、安全で快適であるのは当たり前だ。今も東京には黙っていても全国から現金が送り込まれ、消費する人々が地方から集まってくる。東京が繁栄するのは当たり前だ。

各地の地方の人々は、堤防や道路のインフラ整備が先送りにされても耐えた。高速道路や新幹線整備が先送りにされても耐えた。耐えて東京の整備と繁栄を支え、その東京の繁栄を自分たちのことのように喜んだ。

東京は日本の首都であり、自分の子供たちや孫たちが活躍する場でもある。地方

図2　地域別オピニオンリーダー数

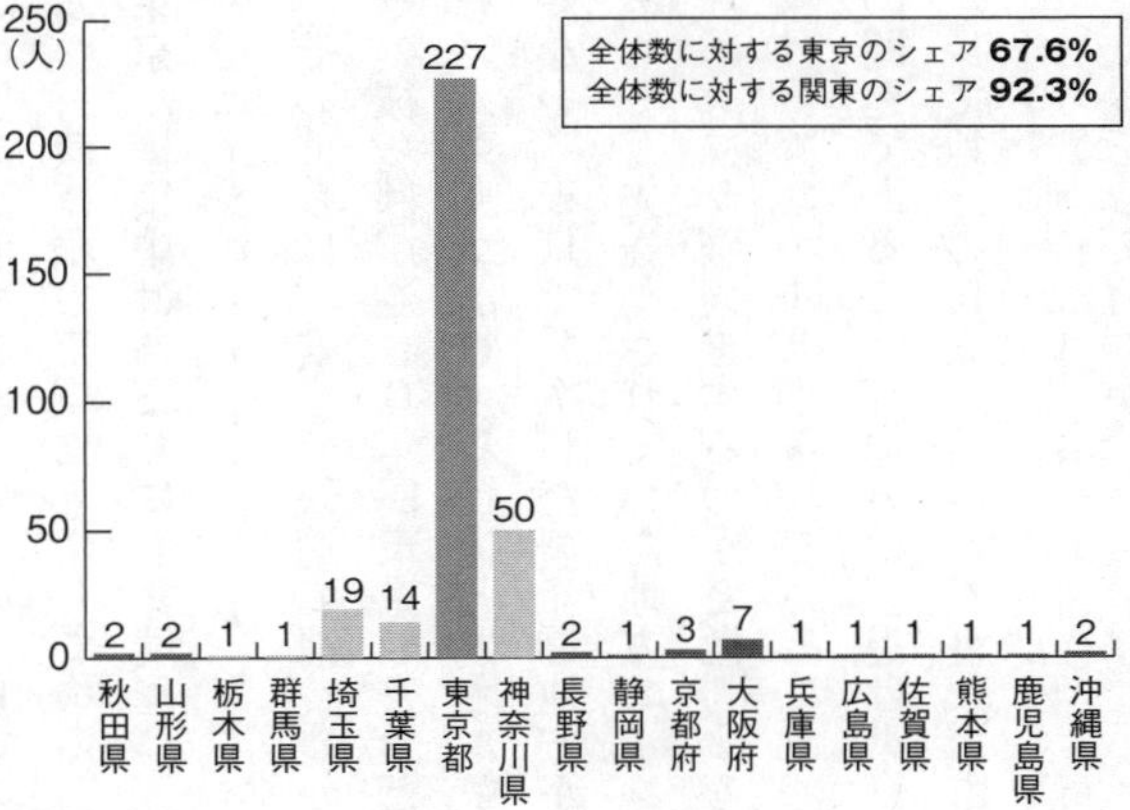

出典:『宣伝会議別冊　マスコミ電話帳 '97』(㈱宣伝会議発行)の「ジャーナリスト、ルポライター、ノンフィクション作家」分野および「政治、経済、経営、社会、軍事、外交評論家」分野をもとに著者作成

の人々は、嫌々東京を支援したのではない。喜んで自分たちの東京を支援してきたし、これからも支援していくことになる。

しかし、この東京の安全と快適さが地方の人々に依《よ》っていることを、東京の人々は知らない。

なぜ東京の人々はそれを知らないのか。その理由ははっきりしている。それを伝えるメディアが存在しないからだ。

図2は、10数年前の『マスコミ電話帳』（宣伝会議）に掲載されていたオピニオンリーダーの住所を、棒グラフにしたものである。

この図を説明するまでもない。日本のオピニオンリーダーたちは、東京に住んでいる。行政権限が東京に集中していると指摘されるが、マスコミを中心とする情報の東京一極集中はあまりにも極端だ。

オピニオンリーダーたちはテレビに登場し、新聞、週刊誌で意見を開陳していく。その彼らは、安全で快適で消費豊かな東京に住んでいる。

その彼らは、400年間東京の安全と快適さが、地方に支えられているとは露知らない。東京が消費する食糧とエネルギーが、地方から注入されていることに気がつかない。東京で発生したゴミを地方が受け持っていることも知らない。

そして、先送りされていた地方のインフラ整備が、いま行われているのを見て、まだインフラ整備をするのかと批判する。

今、マスコミに求められていることは、地方の現状を報道して、地方の問題は東京の問題であること、地方の衰退は東京の衰退につながること、日本の存続と発展にとって地方の自立と発展が不可欠であることを人々に知ってもらうことだ。

全国の各地方がいかにして自立し、活性化していくか。そのために東京がどのような支援をしていくか。

東京の人々はこのことに、知恵を出していく責任を負っている。東京の生活が、地方によって支えられていることを知れば、それらは当たり前のこととなっていく。

第6章

なぜ江戸は世界最大の都市になれたか②

エネルギーを喰う大都市

1603年、征夷大将軍となった家康は、さっさと江戸に帰り、幕府を開いた。征夷大将軍の称号を受けたとはいえ、この時点で家康が天下を統一した状況にはなかった。なぜ、家康は箱根も越えて、大いなる田舎の江戸に引き返したのか？

この疑問に対して、『日本史の謎は「地形」で解ける』（PHP文庫）の第1章では「関東の国土形成のため」と述べ、本書の第4章では「東北への備えを急ぐため」と述べた。実は、家康が江戸に戻った理由は、エネルギーの観点からも述べることができる。

都市は大量のエネルギーを喰う。世界中の文明の衰退と滅亡は、エネルギーの枯渇が大きな理由を占めている。もちろん、日本でもそれは同じであった。社会の大きな変動や危機には、必ずエネルギー問題が内在している。

エネルギーをどこに求めるか。そのエネルギーをいかに持続して確保していくか。権力の長期安定にとって、それは最重要課題であった。

家康はそれを見抜いて、江戸に引き返した。そして、江戸幕府が長期政権を樹立していくため、家康は日本列島全体のエネルギー覇権を確立し、それを実現するインフラを整備していった。

広重の代表作

次ページの図1は、広重の代表作《大はしあたけの夕立》である。

「大はし」は現在の「新大橋」である。この対岸に将軍船の安宅丸を保管する御船蔵があったので、この地は安宅《あたけ》と呼ばれた。

なぜこの絵が広重の代表作なのか、長い間私はわからなかった。広重はもっと鮮やかで、華やかで、生き生きとした絵を描いている。この《大はしあたけの夕立》は、暗く、地味だ。この絵が広重の代表作という理由がわからなかった。

私には審美眼がないと諦めていたあるとき、時間つぶしにゴッホの画集を眺めていた。

その画集の中に、ゴッホが広重を模写した2点の作品《亀戸梅屋舗》とこの《大はしあたけの夕立》があった。《亀戸梅屋舗》のゴッホの模写は、前に見たことがあった。しかし、この《大はしあたけの夕立》の模写は、初めてであった。

1887年、ゴッホは「日本趣味、雨中の橋」という題名でこの絵を模写した。

図１　『名所江戸百景』《大はしあたけの夕立》(歌川広重)

出典：国立国会図書館デジタル化資料より

図2　『日本趣味、雨中の橋』(ゴッホ)

写真提供:アフロ

前ページの**図2**がそのゴッホの絵である。

このゴッホの「雨中の橋」は、なにかパッとしない。なにが良くないかというと、夕立の雨であった。広重が描いた夕立は、天から矢が人々の身体を射るように激しく襲っていく。その広重のシャープな夕立の雨が、ゴッホの絵にはなかった。

考えてみれば当たり前だ。油絵の筆と絵具では、あの夕立の鋭さは表現できない。油絵はもちろん、日本画の筆と墨や顔料も、あの鋭い雨は表現できない。唯一、木版を刀で彫り込む浮世絵だけが、鋭い雨を表現できる手法だった。

やっと私は、広重の《大はしあたけの夕立》の凄さが理解できた。この夕立の激しさは、浮世絵独特のものであった。

大橋の夕立のこの絵が広重の代表作であることを、ゴッホから学んだ。

◇江戸のタンカー

広重のこの絵で、激しい夕立の雨に目を奪われて、つい見落としてしまうのが遠くの川面を進んで行くタンカーである。

もちろん、[illegible]は、タンカーではない。筏《いかだ》である。

江戸市内で大川、隅田川とも呼ばれ、上流部は今の荒川である。秩父の山々から切り出し[illegible]杉が、筏にされて江戸まで運搬されていたのだ。見れば見るほど、夕立の中に霞《かす》んで描かれている筏は、タンカーのようだ。

事実、この筏は江戸のタンカーであった。

1600年、徳川家康は関ヶ原の戦いに勝った。3年後の1603年、家康は征夷大将軍に任命されると、さっさと関西を離れ江戸へ戻ってしまった。

なぜ、家康は権威と権力の中枢の関西を離れ、江戸という田舎へ戻ってしまったのか。その当時、豊臣家はいまだ大坂城に構え、その背後には毛利や島津が控えていた。家康は天下を完全に制した状況ではなかった。

家康が完全な天下制覇を狙うなら、関西か、一歩ゆずっても関西を牽制《けんせい》できる名古屋か岐阜の東海地方に拠点を置くべきであった。しかし、家康はあえて東へ、それも箱根を越えた江戸まで行ってしまった。日本文明の中心であった関西から見れば、家康は、度し難い田舎へ引き籠もってしまったのだ。

いったい、家康にとって、江戸とはなんだったのか？　江戸に何かがあったのか？

家康は関西の限界を見ていた。一方、関東は大きな発展の可能性を秘めた土地であった。関西の限界と関東の可能性とは「エネルギー」であった。

文明にはエネルギーが必要である。エネルギーがなければ文明の発展はない。エネルギーが失われれば、文明は衰退し滅んでいく。

近代化以前、日本文明のエネルギーは一貫して森林であった。

その森林エネルギーで関西はすでに限界にあった。関西の森林は崩壊していたのだ。

◇関西の崩壊と未開の関東

当時、関西では森林が崩壊し、文明を支える森林エネルギーは限界だった証拠がある。

英国の歴史[illegible]者・コンラッド・タットマンが作製した「記念構造物のための木材伐採圏の変遷」で[illegible]。**図3**がその図である。

とからも、関西の森林は消失していたことがわかる。

森林の消失とそれに伴う山地の荒廃は、関西から中部、中国、四国へと広がっていた。

家康は戦国の世を戦いながら、西日本の森林の荒廃を眼にしていた。

1590年、豊臣秀吉軍は北条氏の小田原城を開城させた。その年、秀吉は駿府にいた家康を、箱根よりさらに東の江戸へ移封してしまった。湿地に囲まれた寂しい江戸に移封された仕打ちに、家康の部下の武将たちは怒りまくった。

しかし、家康は違った。家康は、関東を流れる利根川、渡良瀬川そして荒川の手付かずの森林を見ていた。それは、緑が目に染みる森林であり、エネルギーがあふれる光景であった。この森林エネルギーがあふれる関東は、天下を治めていく拠点としてふさわしかった。

そのため、関ヶ原で勝ち征夷大将軍となった家康は、関西を背にして、豊かな森林あふれる関東へ戻っていった。

家康は、森林エネルギーあふれる関東の地で、新しい幕府を開くことを決心したのだ。

◇江戸幕府のエネルギー全国戦略

徳川幕藩体制は260年間続いた。この時代で特筆すべきは、人口の急増であった。1600年当時、1200万人だった人口は、この江戸時代に3倍近い3000万人を超していった。

特に、江戸の人口は100万人に達していた。建材、造船、家具、道具そして燃料などで、年間一人当たり立木20本を必要としたと仮定すると、江戸だけで年間2000万本の立木を必要とした。

いかに、利根川が日本最大の流域とはいえ、利根川以外に荒川や渡良瀬川があったとはいえ、江戸へ木材を供給し続ければ、関東の森林は消失し、山地はいつか荒廃していく。もし、関東の森林が枯渇すれば、江戸幕府の力も衰退していく。

関西の森林の崩壊と衰退を見ていた徳川家康は、日本列島全土のエネルギー覇権の戦略を立てた。

利根川と荒川の関東は、徳川幕府が自ら押さえた。中部の木曽川は尾張徳川家が

図4　徳川幕府の天領だった主な流域

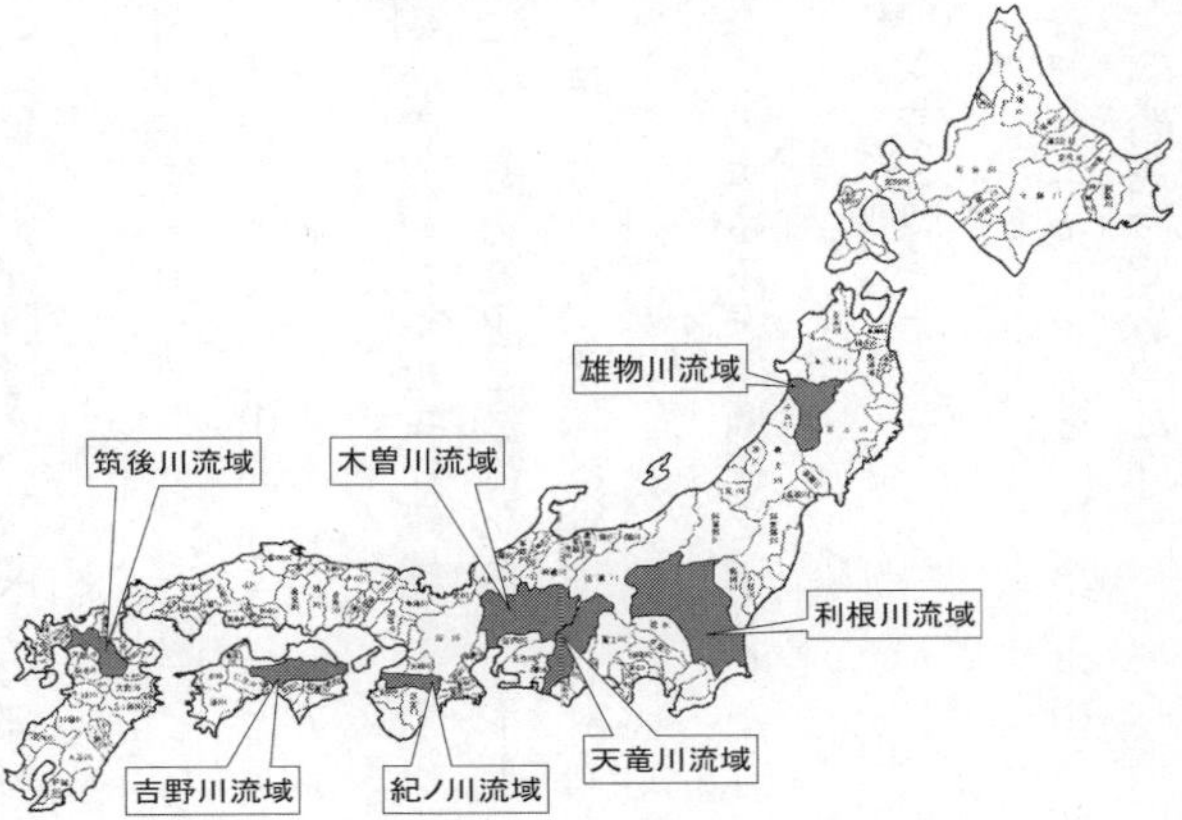

押さえ、近畿の紀ノ川は紀州徳川家が押さえ、北関東の那珂《なか》川は水戸徳川家が押さえた。

さらに、徳川幕府は全国の主要な山林地帯を「天領」としていった。つまり、筑後川、吉野川、天竜川、雄物《おもの》川などの上流山間部を天領とし、徳川幕府が直接管理する体制を敷いた。

前ページの**図4**に徳川幕府の天領だった主な流域を示す。

これら天領の山間地帯には、鉱物資源と豊富な森林エネルギー資源が存在した。木々を勝手に伐採することは許されず、伐採は管理され計画的に行われることとなった。

徳川幕府は、日本列島全土のエネルギー覇権を確立した。

江戸への集積システム

一方、この全国各地の資源とエネルギーを、江戸へ集積させるインフラも構築していった。日本列島を結ぶ「船運」であった。

図5　近世末期における水上交通図（主要なもの）

出典：『日本海海運史の研究』近世末期における水上交通図
福井県立図書館・福井県郷土誌懇談会共編
作図：公益財団法人リバーフロント研究所　後藤

日本海側の東北から下関、瀬戸内海、大坂の北前船ルートが誕生し、太平洋側の仙台から銚子、利根川、江戸へのルートが誕生し、発展していった。

全国の各地の物産はもちろん、全国の流域で伐採された木材が、次々と江戸に集積された。日本列島全土の資源とエネルギーが、江戸へ集積されるシステムが形成された。前ページの**図5**に、江戸時代の主要な水運ネットワークを示す。

18世紀、19世紀を通して、江戸は世界最大の100万都市へと発展していった。21世紀の今、中近東から石油エネルギーが日本に注入されているように、江戸時代、日本列島各地から森林エネルギーが江戸に注入されていた。膨大な森林エネルギーの注入で、江戸は繁栄することができた。これが江戸繁栄の秘密であった。

江戸は大量のエネルギーを飲み込む貪欲な大都会であった。エネルギーを飲み込む江戸の姿を、広重はこの夕立に霞む大川にそっと描いていた。

第7章

なぜ江戸は世界最大の都市になれたか③

広重の『東海道五十三次』の謎

江戸は徳川幕府の拠点となった。その江戸を支えるためにはエネルギーが必要である。そのエネルギーを確保するため、徳川幕府は実に巧妙に日本列島のエネルギー覇権を実現した。

幕府直轄の「天領」という仕組みであった。日本列島の主だった流域の上流域を天領として、森林を抑えてしまったのだ。そして、切り出した木材を江戸に運搬する水運網も整備した。全国の流域から森林エネルギーが江戸に注入され続けた。

エネルギーを注入された江戸が発展しないわけがない。18世紀から19世紀にかけて、江戸の人口は100万人を超え、世界最大級の都市となった。

しかし、江戸は巨大な都市になり過ぎてしまった。全国の森林は食い尽くされ、日本列島の山々は見渡す限り荒涼とした禿山《はげ》となってしまった。

19世紀に入り、日本文明はエネルギーの観点から、絶体絶命の崖っぷちに立たされた。

まさにこの時期、日本文明の絶望的な状況を救った文明があった。

太平洋を悠々と渡ってきた米国の黒船文明であった。

◇広重の記録

前章で、江戸繁栄の秘密を広重の代表作《大はしあたけの夕立》（114ページの**図1**）で述べた。そこには激しい夕立の中を行く筏が描かれていた。

図1　『名所江戸百景』《川口のわたし善光寺》（歌川広重）

出典：国立国会図書館デジタル化資料より

広重はこの絵以外にも、江戸に木材が注入される様子を描いている。**図1**では荒川から次々と筏が江戸に向かって流れ下っている。

秩父の山々から切り出した膨大な木材が、このように荒川で筏にされて江戸まで運搬されていた。

江戸は秩父だけではなく、全国中の山々から木材を集積していた。人々が生きていくためにはエネルギーを必要とする。江戸時代、日本人のエネルギーを支えていたのは山々の木々であった。

広重は隅田川を下る筏に、大都市・江戸に注入されていくエネルギーを描いていた。しかし、木々だけに頼っていた日本は、森林枯渇という事態に追い詰められていた。

広重はその江戸時代のエネルギー危機も記録していた。

◇東海道五十三次・二川《ふたがわ》

現代の東海道新幹線は「海」が付く名前なのに、海をしっかり見られる場所は浜名湖だけだ。この浜名湖の広い清々した光景は、東海道新幹線の貴重な光景だ。

東京から名古屋に向かって浜名湖を過ぎると、愛知県の三河に入り渥美半島の根元の台地を走って行く。緑豊かな二川《ふたがわ》あたりを過ぎ去り、新幹線は豊橋の市街地を

図2　『東海道五十三次』《二川・猿ヶ馬場》(歌川広重)

出典:国立国会図書館デジタル化資料より

抜け名古屋に向かってスピードを上げる。

広重はこの三河の二川で、おかしな光景を描いている。

広重の『東海道五十三次』は面白い場面が多いが、特に33番目の二川宿は印象深い。**図2**が、その『東海道五十三次』の《二川・猿ヶ馬場》である。

名物の柏餅の茶屋の前を3人の瞽女《ゴゼ》が行く。瞽女《ゴゼ》とは、三味線を弾いて各地をめぐる盲目の女性たちのことである。

3人の瞽女《ゴゼ》たちが、おしゃべりをしながら楽しそうに歩いている。社会的弱者がこのように屈託なく旅をしていた。日本は何と治安のよい国であったのだろう。

広重の人物はどれも細やかでユーモアにあふれていて、この瞽女たち三者三様の人物描写には感心してしまう。しかし、この絵は何か変だ。見ていて何か落ち着かない。

長い間その理由はわからなかったが、あるときその変な感じが何かがわかった。それは、背景に描かれた二川の異常な光景であった。

この絵の背景はポツンポツンと背の低い松が生えているだけだ。この荒涼とした光景は、現在の三河の緑豊かな姿とは天と地の差がある。

荒涼とした東海道の山々

あらためて、広重の『東海道五十三次』に描かれた背景に注意を払ってみると、このように荒涼と描いた場所は二川だけではない。

神奈川、保土ヶ谷、平塚、大磯、小田原、箱根、岡部、島田、舞坂、日坂《にっさか》、白須賀などの山も丘も、ぱらぱらと松の木が生えているだけだ。

図3　『東海道五十三次』《日坂・佐夜ノ中山》（歌川広重）

出典：国立国会図書館デジタル化資料より

25番目の日坂宿の中山峠などは、極端な禿山となっている。二川は本陣がある宿場町だったので、原っぱは馬場としても利用できただろう。しかし、中山峠などは単に荒廃した山でしかない。

図3が、『東海道五十三次』の25番目の日坂の中山峠である。

21世紀の現在、東海道新幹線から見る山は、どこも鬱蒼《うつそう》と緑が茂っている。ゴルフ場以外に原っぱなどない。富士山以外にゴツゴツした岩肌もない。

箱根の山の険しさを誇張して岩肌を描いたならわかる。しかし、東海道筋の山や丘を全てこのように描いたのは、誇張にしては異常である。

やはり、広重が描いたとおり、当時の東海道筋には鬱蒼とした木々はなく、貧相な植生が広がっていた、と考えるほうが素直だ。

江戸の燃料

17世紀初頭、徳川家康が100年の戦国の世を制した。その後の260年間、日本から戦塵は消え平和な時代が続いていった。

3代将軍家光は鎖国を大名たちに強いた。この鎖国によって、日本人の力は外へ向かわず、国内の国土開発へ向かった。各地で河川改修が行われ、雨のたびに水が溢れていた湿地は農耕地へと生まれ変わり、干潟は埋め立てられ新田となっていった。

新たな耕作地の誕生で収穫が上がると、1200万人だった人口は、江戸中期には3000万人に膨れ上がった。

日本の人口が3000万人に急増しただけではない。大消費都市・江戸も爆発的に膨張していった。全国から人々の流入が続き、江戸中期には50万人を超え、1800年代には100万人を超す世界最大の都市となっていた。

この江戸時代、日本列島に住む日本人たちは移動を繰り返していた。300諸侯といわれる大名たちは、1年おきに、江戸と国許を往復する参勤交代を行っていた。何百人という規模の大名行列や多くの民衆が、街道をひっきりなしに移動していた。

宿場では多く旅人たちが風呂に入り、暖を取り、朝夕の食事を摂った。宿場町は燃料の大消費地であった。食材は旅の途中で入手できたが、燃料の木は重たくてかさばる。そのため、旅人が自炊する安宿も、燃料の木だけは宿主が旅人へ売った。安宿の代名詞「木賃宿《きちんやど》」もここからきた。

全国の人口膨張と江戸の膨張そして人々の往来には、多くの食糧と燃料が必要であった。食糧は新田開発でどうにか対応できた。しかし、燃料の森林を簡単に増やすわけにはいかない。燃料を海外から注入しなかった鎖国下の日本社会は森林を次々と伐採する以外になかった。

文明が膨張して、その規模がエネルギー供給能力を超えれば、いつかエネルギーは枯渇していく。日本文明の膨張は森林の再生限界を超え、森林の衰退を招いていった。

森林の衰退は、それほど遅くはなかった。江戸中期にはその森林の衰退は始まっていた。

◇――江戸の森林伐採

天竜川流域の下伊那《しもいな》地域は、豊かな森林地帯であった。徳川家康は天下を取ると、この地を支配していた豊臣勢を他所に移封させた。天竜川流域を徳川幕府の天領としたのだ。

天竜川流域は、江戸への木材供給の第一級の基地となった。この天竜川の木材供給のデータを、前述の英国歴史家のコンラッド・タットマンは『日本人はどのように森をつくってきたのか』(築地書館)で記載している。

それによると、1600年代以降、天竜川から木材は供給されている。1680年には木材供給量は16万本となり、1700年には33万本のピークを示している。

図４　天竜川流域　木材伐採量の推移

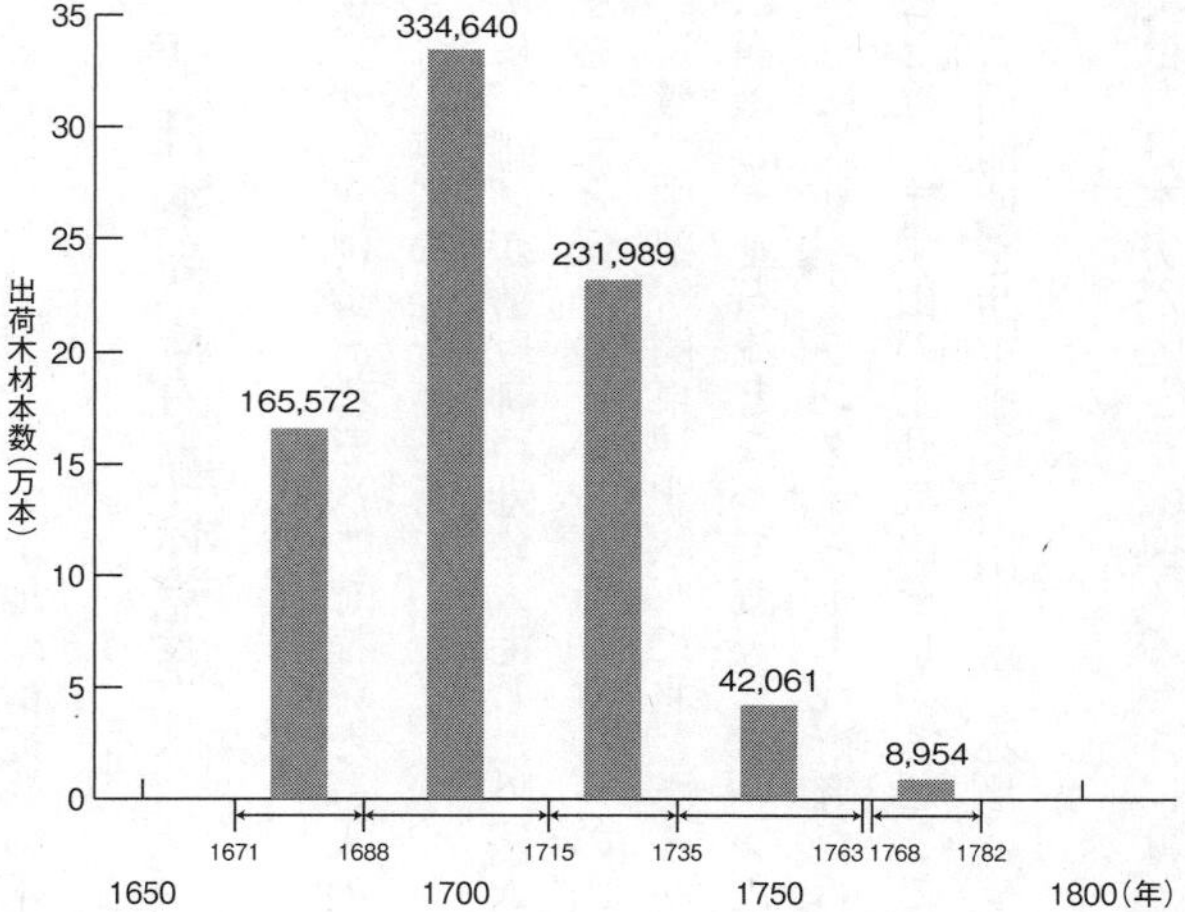

データ出典：コンラッド・タットマン『日本人はどのように森をつくってきたのか』（築地書館）
作図：公益財団法人リバーフロント研究所　竹村・松野

その後、１７２０年には23万本に減じ、１７５０年には４万本へ激減し、１７７０年には１万本にも達していない。それ以降、江戸後期には、天竜川からの木材供給の記録は消えている。**図４**でその変遷を示した。

森林を伐採し尽くすと斜面は大雨のたびに浸食され、栄養分の土壌は流れ去り、荒廃していった。

厳しく管理された天領の天竜川でさえ、このように森林の衰退と山地の荒廃を招いた。ましてや、天領でない土地や街道筋の木々は次から次へと伐採されていった。

日本列島の森林荒廃

広重が『東海道五十三次』を描いた幕末の頃、日本列島の山々の木々は伐採し尽くされ、無惨な姿をさらしていた。

後に、鎖国が解け神戸港に入港した外国人たちは、六甲の禿山の凄まじい光景に息を呑んだと伝わっている。それは神戸の山々だけではなかった。九州、四国、中国、近畿、中部、関東、北陸、東北とあらゆるところで、森林は伐採され、山の斜面は崩壊し、土石流となって流失していった。

明治に入り、オランダから土木技術者たちが治水指導で来日した。彼らが指摘したことは、まず山の土砂流出を止めることであった。そのために、砂防ダムを建設し、斜面崩壊を防止する治山工事を行う。その指導は全国各地で繰り返し行われた。

実は、日本史が大きく転換するときには、いつも森林消失という事態が深く関わっていた。

8世紀末、奈良盆地は森林を失ったため、桓武天皇は平城京から淀川流域の平安京へ遷都した。17世紀初頭、西日本一帯の森林は消失していたため、徳川家康は関西を背にして、広大な森林を持つ利根川の江戸に幕府を開いた。

日本文明は、森林消失の危機を都を移すことでしのいできた。江戸の末期、日本列島全体の森林は荒廃していた。そのため、日本文明は都を他の土地に移す得意技を封じられ、絶体絶命の崖淵に立たされていた。

◇化石エネルギーとの邂逅《かいこう》

1853年、米国のペリー提督が4隻の黒い軍艦を引き連れ浦賀沖に姿を現した。

日本にとってこの衝撃的な出来事は、幕藩封建体制から中央集権の国民国家への転換で語られる。しかし、黒船来航は社会政治体制の転換という以上に、日本文明の決定的な転換点となった。

それは、日本文明と化石エネルギーとの邂逅であった。

それ以前の燃料は木であり、陸上の動力は牛と馬であり、海上の動力は、風と潮流であった。和船はせいぜい50トン級であったが、黒船はそれをはるかに上回る2500トン級で、地球の裏側から大海原を平然と渡ってきた。その黒船の動力は石炭の蒸気機関であった。

黒船の西欧文明は、日本に化石エネルギー文明を運んできた。森林を消失していた日本文明にとって、黒船はエネルギーの救いの神となったのだ。

今降り注いでいる太陽エネルギーの森林に別れを告げ、地球が何億年もかけて貯めた太陽エネルギーの缶詰の蓋を開けることとなった。

明治の近代化の時期、日本は自国内の足元に石炭を保有していたという幸運にも恵まれていた。北海道や九州で炭鉱が開かれ、その石炭が日本の重化学工業を発展させ、世界進出への原動力となった。

第一次世界大戦で内燃機関の戦艦と戦車と戦闘機がデビューした。燃料は石炭から石油に移行していった。常温で液体の石油は、移動する燃料として、工業生産品の原料として、極めて効率がよかった。

日本は石油を保有しなかったが、世界の産油国はただで地中から湧いてくる石油を高く買ってくれる日本に喜んで石油を売ってくれた。

20世紀、石油をふんだんに消費することで、日本は世界最先端の工業国家へと変身していった。

21世紀、その石油がおかしな動きをみせている。

世界中の石油需要の増大は、石油埋蔵量の命を縮めている。石油の生産ピークが来れば需給ギャップから、その価格は高騰していく。石油の価格高騰は日本文明の存続を脅かすことになる。

これから襲ってくるエネルギー危機は、地球規模である。どの国もこの危機から逃れられない。もう、日本の危機を救ってくれる黒船は現れない。

21世紀、日本文明が持続していくには、低炭素社会と物質循環の社会を構築していく以外にない。

日本は率先してそれに向かわざるを得ない。なぜなら、21世紀の世界のエネルギー危機は、資源を持たない日本でまず出現してくるからだ。

第8章

貧しい横浜村がなぜ、近代日本の表玄関になれたか

家康が用意した近代

戦後の昭和23年、両親は私を連れて九州から横浜に出てきた。私は3歳から高校卒業まで横浜で育った。物心ついたときにはいっぱしの横浜っ子になっていた。

横浜はせいぜい150年の歴史しかない。日本でも珍しい歴史のない大都市である。歴史がないので、伝統的な習慣、伝統的な地域の守り神、伝統的なお祭り、昔から語り伝えられているタブー、それらが横浜にはない。横浜っ子とは、伝統を身につけていない人、と言い換えることができる。

その歴史のない横浜で、唯一の歴史が「横浜水道」である。横浜の小学校では、副読本で横浜の歴史を学ぶとき、必ず日本最初の近代水道の「横浜水道」を学ぶ。横浜の人々にとっての誇るべき歴史は、パーマー氏の指導でできた「横浜水道」なのだ。

横浜港は明治の日本国政府が造った。しかし、横浜水道は自分たちで造った。自分たちが造った横浜水道の水で産湯《うぶゆ》に浸《つ》かり、発展してきた。このように学び、そう思い込んできた。

しかし、横浜水道の誕生には、思わぬ物語が隠されていた。

横浜の発展

１８５３年7月、米国ペリー提督率いる黒船が浦賀沖に姿を現した。

翌年、再来航したペリーは横浜に停泊し、水や薪《たきぎ》を供給する日米和親条約が締結された。１８５６年、米国領事ハリスが着任し、通商交渉が開始された。１８５８年、大老の井伊直弼《なおすけ》は天皇の勅許《ちょっきょ》を得ないまま日米修好通商条約を締結した。

その後、安政の大獄、桜田門外の変、池田屋襲撃、長州征伐、大政奉還、鳥羽伏見の戦い、西南戦争を経て、大日本帝国憲法の公布と日本の歴史は激動していった。

その激動の真っ只中、日米修好通商条約に基づき横浜、長崎、函館、新潟、神戸が国際港と指定され、１８５９年、横浜港が最初の国際港として誕生した。

横浜は生糸貿易で急速に発展し、人口も増加していった。１００軒足らずだった寂しい横浜村は、１８８９年には人口12万人の市となっていった。

大河川のない港

開港された5港のうち新潟は、もともと日本海側の北前船航路の重要港であった。ところが、その新潟港は信濃川の河口にあったため、土砂堆積で水深が浅く、和船には適していたが、外洋を航海する蒸気船には相応しくなかった。そのため新潟港は開港が遅れ、1868（明治元）年にようやく外国船に開港された。しかし、その後も信濃川の運ぶ土砂で港はすぐ浅くなり、大河津《おおこうづ》分水路や信濃川河口大改修の完成を待つまで、土砂に悩まされ続けた。

それに比べ、新たに指定された函館、横浜、神戸、長崎は国際港として極めて有利な地形上の共通点があった。

それは「大きな川がない」ことであった。

大河川がなければ、港は土砂で埋まらない。そのため水深が確保され、外国船は容易に岩壁に接岸できた。開港したこの4港の村はいずれも大きな川がなく、大型船の喫水深が確保できる利点を持っていた。

しかし、地形の優位さと裏腹に、この4港は共通した決定的な弱点を持っていた。

大きな川がないから「水がない」という弱点であった。

この4村はいずれも背後の丘の湧き水に頼っていた寒村であった。大量の水がないため大規模な干拓もできず、多数の人々が集まる商業地に発展することもなかった。

◇横浜の近代水道

開港された4つの村にとって最も緊急なインフラは水道であった。日本の近代水道が、この4つの都市から始まったのは必然であった。

その端緒を開いたのが横浜であった。

神奈川県は英国陸軍工兵将校ヘンリー・スペンサー・パーマーに水道計画を依頼した。パーマーは44㎞も離れた相模川の支川の道志川から横浜の高台の野毛山までの導水計画を作成した。1887年、導水工事が成功し、日本最初の近代水道が生まれた。

パーマーは横浜の英雄となった。

これが横浜市民の誇る近代都市・横浜の華やかな幕開けの物語である。

しかし、この華やかな幕開けの裏に、横浜市民も知らない誕生の物語があった。

横浜水道の誕生以前に、横浜に水を融通した「二ヶ領用水」の物語であった。

空白の年月

相模川の水の横浜水道が完成した年は1887年である。横浜港が開港して28年も経った後に横浜水道は完成していた。

では、横浜村は開港してから28年間、どこから取水していたのか？

今まで考えもしなかった疑問であった。

神奈川県の水道行政の知人の幹部に電話をかけた。彼もパーマーの水道以前については知らなかった。神奈川県の水道史誌の明治時代のコピーを頼んだ。数日後、彼から資料のコピーが届いた。そして、それに添えられたメモ書きで「自分も多摩川から取水していたことは知らなかった」とあった。

その資料には「開港により横浜の人口は急増し飲料水が不足することとなった。そこで、明治6年（1873年）に多摩川を水源とする木樋《もくひ》水道を敷設した。しかし、漏水や故障及びコレラの発生などから、良質な水を確保することが急務となり、明治20年、イギリス将校ヘンリー・スペンサー・パーマーに……」となっている。

たったこれだけの記述であった。「多摩川」という単語は一回しか出てこない。間違いなく、横浜は多摩川から水を受けていた。

多摩川の水といえば二ヶ領用水である。日本の農業史に燦然《さんぜん》と輝く用水である。その二ヶ領用水が横浜港の誕生に関係していたのだ。

◇――二ヶ領用水

横浜開港から300年さかのぼること1590年、家康は秀吉の命令で江戸に移封された。

図1　二ヶ領用水古地図

出典：国土交通省関東整備局　京浜河川事務所

江戸に入り、江戸の台地から望む関東平野は、利根川が流れ込む一面の湿地帯であった。稲作には絶望的といえる風景であった。この関東平野の乾田化は1600年の関ヶ原の戦いを経て征夷大将軍になるまで待たなければならなかった。

しかし、家康は一時も早く、3万人の部下たちの食料を確保しなければならない。家康は江戸の西に流れる多摩川の河岸段丘に目をつけた。この台地に洪水はなかったが、いつも水不足に悩まされていた。

1597年、家康は旧今川家臣の小泉次大夫《じだゆう》を用水奉行に任じ、多摩川両岸の用水路の建設を命じた。関ヶ原の戦いの3年前であった。

多摩川右岸は川崎領と稲毛領の2つの領内だ

ったので二ヶ領用水と呼ばれ、多摩川左岸の六郷用水は世田谷領と六郷領の2つの領内を流れたので、合わせて四ヶ領用水とも呼ばれた。

工事は1599年から開始され、関ヶ原の戦いを挟み1609年に主要水路が完成し、各村の分流水路も次々と竣工していった。取水は宿河原堰《しゅくがわらぜき》から行われ、送水された水田面積は、川崎側で2000ha、六郷側で1500haに及んだ。

図1が二ヶ領用水の古地図であり、中心地が現在の川崎市で、横浜市はそこから外れた南に位置している。**写真1**は川崎市多摩区を流れる二ヶ領用水である。

写真1　二ヶ領用水　川崎市多摩区

取り残された横浜

日本文明にとって江戸時代の260年間は、国土の大開拓時代であった。

徳川幕府をはじめ全国の大名たちは治水、開墾、干拓の新田開発に全力を投入した。農林漁業だけではなく、近代工業の基礎となった鉱工業、生糸、工芸にも力を注いだ。

しかし、この江戸時代の大開拓から取り残された土地があった。それが横浜村であった。開国当時、横浜が１００軒程度の寒村であった理由はただ一つ、水がなかったからだ。

横浜の中心には大岡川が流れている。総延長28㎞、流域面積36㎢の神奈川県管理の中規模河川である。この大岡川は堤防がない掘り込み河川で、両岸には丘が迫っている。海からは塩水が逆流していたので、飲料水や農業用水として使い物にならなかった。山手の丘の湧水だけが人々の水であった。何百年間も、横浜村は自分たちの食い扶持《ぶち》の農漁業で細々と暮らしてきた。

その貧しい横浜村が近代日本の表玄関になれという。

土地は埋め立てればどうにかなる。しかし、水はつくれない。水をどうしたらいいのか。これが問題であった。

もらい水

横浜村は川崎村の二ヶ領用水から「もらい水」をすることとなった。横浜港開港から14年経った1873年であった。

新政府の斡旋《あっせん》があったとはいえ、もらい水は辛い行為であった。それは、いつの時代でも、どの土地でも同じだ。

水をもらう側は分けてもらう側になんども頭を下げ、金品を包み、罵倒され、嘲笑され、水をもらう。無理難題をかけられても怒るわけにはいかない。水がなければ死を意味する。水を分けてもらう交渉は、常に屈辱の連続であった。

特に、二ヶ領用水の川崎村は260年間、徳川幕府直参の誇り高い農民であった。司馬遼太郎氏の表現を借りると、この土地の農民は「おらアどもは大名の土百姓じゃねえ。将軍さまの直百姓だ」となる。

川崎村は上流の溝口の衆と流血の水争いをくぐり抜け、二ヶ領用水を守り通してきた。この命より大切な二ヶ領用水を、あの田舎者の横浜村に譲らなければならない。

明治政府はやむなく開港した。しかし、怪しげな異人と付き合うなど真っ平であった。その異人との付き合いは横浜村へ押しつけた。その横浜村へ水を譲るなど、川崎村にとっては腹立たしいことであった。

横浜港は水のないまま、誕生させられた。そして、やっとの思いで二ヶ領用水から水をもらい、生きていくこととなった。

横浜は温かい産湯で祝福されて生まれたのではなかった。

不思議な横浜

1886年、関東一円でコレラが蔓延した。人口が増加していった横浜は水不足に加え、新たに清浄な水を確保する必要に迫られた。水源を多摩川に求めるのか、他の河川に求めるのか、という課題に直面した。

横浜は敢然として相模川に水源を求めた。そこが横浜から遙かに遠く、技術的に困難で、高い工費になろうが眼中になかった。ともかく西の相模川に向かった。

地理的に近い多摩川にこだわれば、水の争奪の相手は対岸の東京となる。日本の権力が集中した首都・東京に対して、成り上がり者の横浜が勝てるわけがない。もう二度と屈辱のもらい水はしない。この一心だった。

パーマーは相模川からの導水を実現した。横浜は二ヶ領用水からのもらい水の呪縛から解かれた。横浜は自分の足で立ち上がり、近代の最先端を胸を張って歩き出した。かつて歴史の舞台に一度も登場したことのない村が、日本の文明開化の先頭となったのだ。

歴史のない横浜は、独自の伝統や文化を持っていない。古い人間関係もなければ、古い因縁もない。横浜は異人を受け入れ、スポンジが水を吸うように西欧文明を取り入れていった。

横浜の人々は新規を好み、徒党を組まず、国際的で、合理的な気風を身につけていった。

ところが、その人々は「水」という言葉を聞くと、目の色が変わり、獰猛《どうもう》な動物に変身した。

神奈川の水

江戸時代、神奈川は西を静岡の駿府、東を江戸の徳川将軍家に挟まれ、政治的には極めて弱かった。それを象徴するのが、箱根の芦ノ湖である。

芦ノ湖は神奈川県内にある。しかし、神奈川県はその芦ノ湖の水に一滴たりとも手を出せない。なぜなら、江戸時代初期、箱根用水のトンネルが掘られ、芦ノ湖の水は静岡側の深良村へ抜かれてしまったからだ。その芦ノ湖の水の権利は、21世紀の現在も静岡県のものとなっている。

写真2が現在も使用されている箱根用水の芦ノ湖の取水口である。これより先は静岡県に流れていく。

写真2　箱根用水　芦ノ湖口
（これより静岡へ向かう）

資料提供：佐藤宗雄氏作成ホームページ「関東ハイク＆ウォーク」

近代に入り、神奈川県は大正、昭和と先手を打って水の確保に向かった。

大正時代、相模川からの導水を増強した。相模川の水量の限界がみえると、ダム建設に向かった。1938年、相模ダムに着手し、第二次大戦を挟み1947年に完成させた。

高度経済成長と人口急増を予感するや、1965年、相模川に二つ目の城山ダムを完成させた。1978年、相模川より西の酒匂《さかわ》川へ乗り込み、三保ダムを完成させた。

さらに、21世紀冒頭の2001年、相模川水系の究極の水瓶、芦ノ湖の容量に匹敵する日本最大クラスの宮ヶ瀬ダムをも完成させた。

その間、神奈川県政は保守知事、革新知事が入れ替わった。しかし、水を確保するという方針は揺らがなかった。神奈川において、命の水を確保することは絶対の正義であった。

神奈川の人々は、強い情動に駆り立てられて「水」に向かった。

人を駆り立てる情動は、心のトラウマであることが多い。神奈川県のトラウマは、江戸時代の水不足と明治のもらい水という苦い思い出であった。

21世紀の今、都会的な横浜の人々は、横浜に産湯を与えてくれたのは、あのタヌキ親父の家康が400年前に造った二ヶ領用水だったとは想像もしていない。

第9章

「弥生時代」のない北海道でいかにして稲作が可能になったか

自由の大地が未来の日本を救う

温暖化の原因が温室ガスか否かは別にして、地球規模で温暖化が進行していることは間違いない。

巨大台風の発生などの異常気象は、自然のゆらぎの範囲かもしれない。しかし、世界の山岳地帯の氷河の縮小やシベリアやアラスカの永久凍土の融解は、はっきりと温暖化の進行を示している。

温暖化は恐ろしいのか？　私はそうは思わない、寒冷化に比べれば温暖化は僥《ぎょう》倖《こう》だ。私の年代の人間は、小学生から中学生時代に、地球は寒冷化すると教えられ、心の中で震えていた。

地球規模の人口増加と、天然資源の逼迫《ひっぱく》の未来、地球の寒冷化では人類は救われない。温暖化だからこそ救いはある。特に、南北に３０００㎞と細長い日本列島で、温暖化は有利に働く。なぜなら、亜寒帯の北海道が、温帯になるからだ。

北海道は東北六県と北関東を合わせた広さを持っている。その全道が優良な農耕地帯となっていく。

北海道は未来の日本の切り札となる。明治以降、北海道の開拓者たちは、未来の切り札として北海道を準備してくれていた。

数年前、何かの雑誌で「日本人が行きたい観光地アンケート」を特集していたが、第1位が京都で第2位が北海道であった。日本人にとって格別の京都を除くと、日本人の多くが北海道に魅力を感じている。

確かに北海道は魅力的である。いったい北海道の魅力とは何だろう？　広大な自然、雪、それとも温泉？　しかし、それらは北海道以外の観光地にもある。なぜ、北海道だけがそれほど魅力的なのだろう？　以前からもやもやとこの疑問を抱えていた。

1年前、札幌のすすき野の交差点でこの疑問がすっと解けた。

北海道の魅力とは「自由」だった。古いしきたりにとらわれない自由さ、それが北海道の魅力であった。

自由な北海道

2003年の初冬、札幌のシンポジウムに参加した。シンポジウムの交流会後、ラーメンを食べにすすき野へ向かった。ぶらぶらと歩いてすすき野交差点で立ち止まり、ふっと道路向こうのネオン街を見ると「すすきの交番」という派手なネオンが光っていた。

札幌一の繁華街、すすき野交差点は四方をネオンに囲まれている。その中でもそのネオンは目立っていた。すすきの交番？　交番にしては派手なので新手の風俗店かと思った。交差点を渡って近寄ると本物の交番であった。あわてて近くのコンビニでカメラを買って写したのが**写真1**である。

写真1　すすきの交番のネオン

撮影:著者

もともと交番の赤玉の光は目に入る。東京の銀座、渋谷、新宿のネオン街でも交番の赤玉の光は十分存在感がある。北海道警察はそれ以上にすすきの交番を目立つようにと考えたのだろう。その狙いは見事に当たった。

このデザインを思いつき、

それを実行してしまう北海道警察のあっけらかんさにあきれながら交番の写真を撮った。

物事の本質は思いのほか単純な姿で現れている。

どうということもない「すすきの交番のネオン」に北海道の人々のこだわりのなさが現れていた。この北海道の人々のこだわらない自由さが北海道の魅力だった。

なぜ、北海道の人々は自由なのだろう？　その疑問は翌日の石狩川の小旅行で解けた。

石狩川物語

翌日、石狩川へ向かった。北海道には何回も来ていたが、いつも慌ただしく帰京していた。いつかゆっくり石狩川を見たいと思っていたが、ついにそれがかなった。私に同行してくれたのが、石狩川の治水に生涯を捧げた旧知の先輩技師であった。

札幌からいったん石狩川の河口まで下がり、改めて河口から上流に向かった。河口の「川の博物館」で、先輩技師は石狩川の歴史を丁寧に説明してくれた。

石狩川の歴史はなんと言ってもショートカットだ。蛇行する石狩川を直線にする、専門用語では「捷水路《しょうすいろ》工事」と呼ばれている。石狩川といえばショートカット、ショートカットといえば石狩川である。自然を破壊した悪名高き川の直線化の代表格である。

石狩川は大雪山から石狩湾に注ぐ流域面積1万4000㎢の大河川である。石狩川の土砂で形成された石狩平野の勾配は緩やかで、石狩川はその中をくねくねと蛇行しながら流れていた。蛇行する川は流れにくい。豪雨や融雪出水のたびに石狩川は行方を失い開拓地を襲った。

この石狩川を制御しなければ、北海道の発展はなかった。

石狩川の洪水を速やかに海へ導く。そのため、蛇行している石狩川を直線にする。工事は1918（大正7）年から開始され、蛇行部は次々とショートカットされた。各地で三日月湖の残骸が取り残され、全長360㎞あった石狩川は268㎞まで短縮された。

その結果、増水時、水は一気に海へ流れるようになり、旭川、滝川、砂川、岩見

図1　石狩川下流　流域図

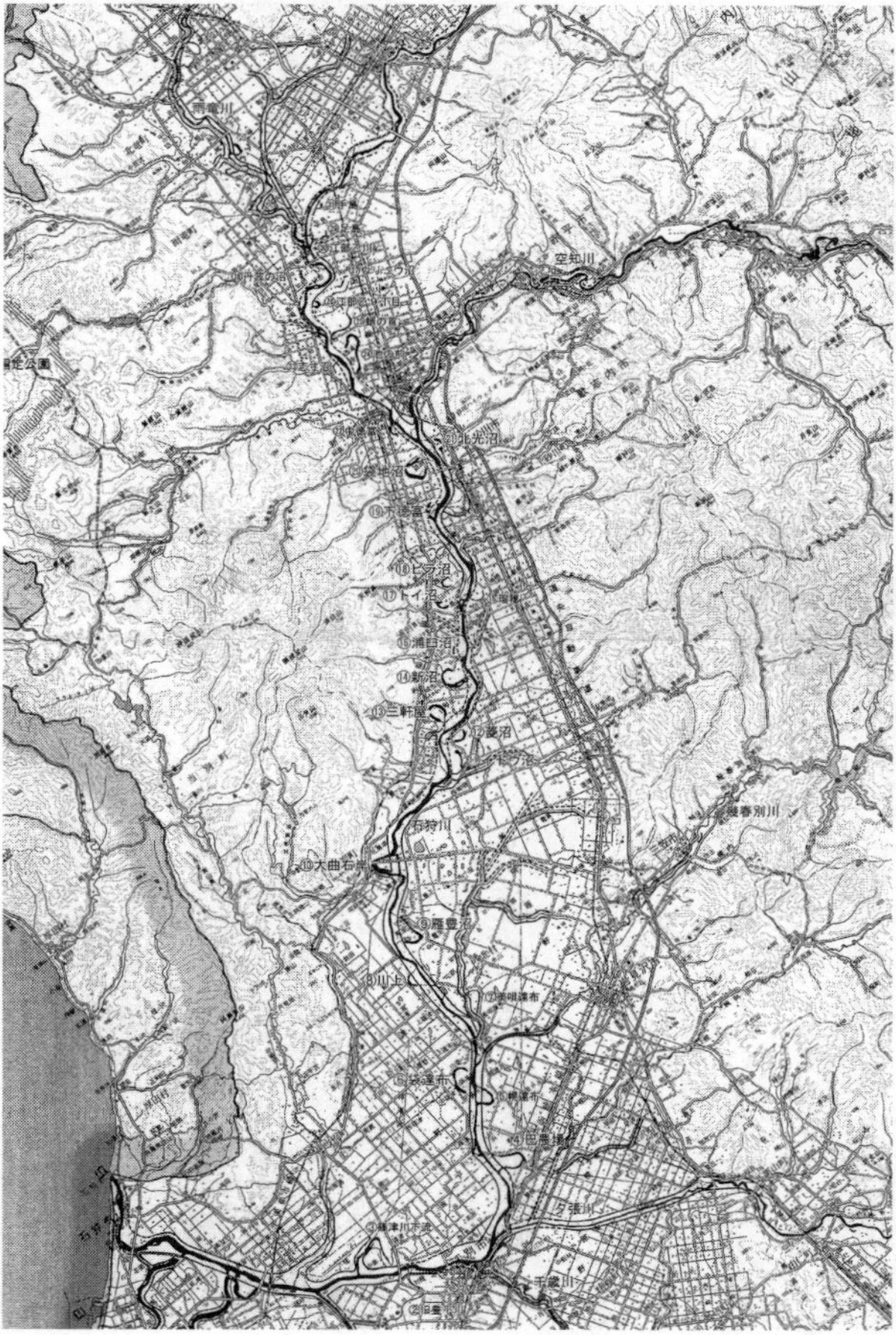

沢、札幌は着実に発展していった。前ページの**図1**は現在の石狩川下流の流域図である。

これが私の石狩川のショートカット物語であった。

しかし、これは表面だけの物語であり、そこには石狩川ショートカットの魂が入っていなかった。

凄まじい図面

「川の博物館」にはかつて蛇行していた石狩川と現在の直線化された石狩川の写真や図面が展示されていた。

石狩川全長の30％の１００㎞を削り取った河川改修の図面を見つめていると、石狩川ショートカットの凄まじさがひしひしと迫ってきた。

これほどまで徹底してショートカットしたのか。これほどまで北海道の技術者たちは蛇行部を嫌ったのか。

これらの図面にはショートカットへの執着がにじみ出ていた。それまで全国各地の河川改修の図面を何百枚も見てきたが、これほど強い執着、いや執念を感じさせる図面に出会ったことはなかった。

私は図面から迫ってくる執念に内心たじろいでいた。

たじろぐ私を見透かしたように、その先輩技師は、

「なぜ、これほどショートカットしたと思う?」と聞いてきた。わかりきったことを今さらと思いながら、

「洪水の流下能力を上げるためでしょ」と図面に目を向けたまま答えた。私のそっけない口調に、

「それだけじゃないんだよ」と優しく諭すような返事が返ってきた。

「流下能力を上げるためだけではない?」その返事に私は振り返った。彼はニコリと笑って頷いていた。

その老先輩技師から思ってもいなかった言葉が出てきた。

「ショートカットは石狩川の川底を下げるためだよ。川底を下げて石狩平野の地下水を下げたかったんだ」

「地下水を下げる?」

「そう、石狩川の流速を速めて、その流速の力で川底を洗掘させる。それで石狩平野の地下水を下げたんだ」

私の全身に鳥肌が立っていた。その言葉の意味を理解できた。

そうか、この執念は石狩平野の地下水を下げるための執念だったのだ！

◇──石狩平野の魔物

1869（明治2）年、開拓使が設置され、蝦夷《えぞ》は北海道と改められ入植が始まっていった。

北海道は北緯42度以上の亜寒帯に位置している。入植を支援した政府は西洋式の大規模な畑作農業を目指した。しかし、入植者は貧しい士族や農民たちが中心であった。

その入植者たちは「米」にこだわった。

彼らは故郷でも米を作っていたし、仲間と力を合わせれば大型機械は不必要で、小作も可能であった。米は何年も保存でき、何とでも交換できた。米は日本人にとってかけがえのない宝であり、生きる希望であった。

しかし、北海道の太平洋側は米作りの気候ではなかった。夏は霧が多く北東の冷風が吹き寄せ、気温は上昇しなかった。釧路の7月の平均気温は16度、8月でも17度しかなかった。この厳しい低温の壁は稲の品種改良で乗り越えられるものではなかった。

それに比べ西の日本海側では米がどうにか作れた。冬の雪は多かったが夏は晴天が多く、気温も比較的上昇した。札幌の7月、8月の平均気温は21度で、札幌から北120㎞の旭川でも7月、8月の平均気温は20度もあった。

「米」の可能性のある日本海側、その日本海側の平野全域が石狩川の流域であった。入植者は米作りを目指し石狩平野の石狩、空知《そらち》、上川《かみかわ》地域に入っていった。

ところが、この石狩平野では途方もない魔物が入植者を待ち受けていた。内地では見たこともない魔物であった。

石狩平野の魔物、それは「泥炭層」であった。

悪夢の泥炭層

6000年前の縄文前期、海面は今より5m高く、札幌、江別、岩見沢の石狩地方はもちろん、美唄《びばい》、砂川、滝川の空知地方の奥まで内湾であった。その後、寒冷化とともに海水面は低下し海が後退した内湾は、石狩川の土砂によって沖積平野へと姿を変えていった。

日本内地の沖積平野は、有機肥料を含み稲作に適した土地となった。しかし、寒冷地の北海道では堆積した植物の分解が進まなかった。土は植物が炭化した状態のまま蓄積されてしまった。それが泥炭層である。6000年間に堆積した泥炭層の深さは20mを超えていた。

泥炭は燃料には使えたが、稲作には適さなかった。入植者たちは重労働を繰り返し、表土の農作土を他から搬入した。しかし、下層の泥炭層はいやというほど水分を含み、搬入した農作土はすぐ腐食して使い物にならなくなった。水分を含む泥炭層は雪が融《と》けてもなかなか乾かず、初夏になり乾燥しかけてもわずかな降雨でまた元の泥炭湿地に逆戻りした。

泥炭層の水を抜く。泥炭層の地下水を低下させる。それが入植者たちの生死の分かれ目となっていった。

泥炭層の地下水を下げるため排水路を掘る。しかし、石狩川の水位が高いので集めた水を排水することができず、強制的にポンプで排水しなければならない。しかし、当時の排水ポンプは入植者にとっては高価すぎて手が出なかった。

泥炭層の地下水を下げるには、目の前を流れる石狩川の川底を下げる以外なかった。石狩川の川底を低下させれば、石狩川の水位は下がる。石狩川の水位が下がれば、泥炭層の地下水も石狩川へ吸い出されて低下する。

しかし、部分的に石狩川の底を掘り下げても、1年もたたないうちに再び土砂が堆積してしまう。石狩川の河口まで徹底的に川底をさらう浚渫《しゅんせつ》をしなければ、本当の解決にはならない。しかし、開拓庁も入植者たちもあまりにも貧しかった。石狩川の川底を河口まで浚渫する資金もなく、大規模な浚渫工事の機械もなかった。

毎年毎年、入植者たちは絶望的な気持ちで泥炭層にしがみついていた。

◇執念のショートカット

1898（明治31）年、未曾有の大洪水が石狩平野を襲った。過酷な大地と戦った多くの仲間の命、そしてやっと開発したわずかばかりの田畑が濁流に呑み込まれた。

さすがに中央政府も、石狩川の治水に乗り出さざるを得なかった。数年後に勃発する日露戦争を前に北海道の国防上の重要性が浮上したこともあった。石狩川の治水と開発は国家的課題として認識された。

しかし、当時の日本は借金をしなければ戦争もできないほど貧しかった。貧しい予算で石狩川の洪水を防ぎ、泥炭層の地下水を下げるという2つの課題を同時に達成しなければならなかった。

北海道の未来がかかった困難な使命が、土木技術者たちに課された。

彼らは徹底的な石狩川のショートカット、すなわち捷水路計画を策定した。流れにくい蛇行部をショートカットして直線にする。このショートカットは内地でも実施されている一般的な手法である。

しかし、石狩川のショートカットは別の狙いを秘めていた。

ショートカットすると何が起きるか。蛇行部を直線にすると流れは一気に速くなり、洪水は短時間で流れ去ってくれる。内地の河川のショートカット効果はそれまでである。

ところが、石狩川では違う。石狩川の川底は柔らかい泥炭層である。流れが速くなると川底の泥炭は削られていく。川底が削られると石狩川の水位は下がる。水位が低下すれば泥炭層の地下水は石狩川に吸い出され、低下していく。

その狙いは見事に当たった。直線化で石狩川の流れは速くなり、川底は水流で削られて低下していった。川底が下がると、泥炭層の地下水は次々と川に吸い出され低下していった。石狩川の各地にはショートカットされた蛇行部の三ヶ月湖が残されている。その残された三ヶ月湖はすべて石狩川より高い位置に浮くように存在している。それが石狩川の川底が削られて低下したことの証となっている。

土木技術者たちは、今まで苦しめられてきた石狩川の流れの力を逆に利用したのだ。

この執念のショートカットが進むにつれ、悪夢の泥炭地が希望の大地に生まれ変わっていった。

彼らは生死の瀬戸際の戦いで勝った。

石狩川ショートカットの図面で感じた執念は、彼らの生への執念であった。

歴史がない北海道

北海道には「弥生時代」はない。

北海道の歴史は「縄文時代」の後に「続・縄文時代」「擦文《さつもん》時代」が続き、その後は「アイヌ時代」が悠々と流れていく。

北海道は稲作の弥生時代を持たない。

泥炭地を克服した北海道は本格的な稲作の弥生時代を迎えた。いや、弥生文明だけではなく近代文明も同時に迎えた。北海道の遅い春、桜と他の花々が同時に咲くように、北海道では弥生文明と近代文明が一斉に花開いたのだ。

アイヌの人々から和人と呼ばれた内地の人々は、弥生、奈良、平安、鎌倉、室町、戦国、江戸時代という富と権力をめぐるややこしい歴史を幾重にも積み重ねてきた。しかし、北海道の人々は内地のような複雑な歴史を持たない。

歴史を持たない人々は歴史にとらわれず、歴史にこだわらない。

自由とは、何かにとらわれず、何かにこだわらないことだ。

北海道に行って自由を感じるのは、北海道のこだわりのなさであった。あのすすきの交番の派手なネオンは、北海道の人々のこだわりのなさを表現していた。

内地の日本の人々が北海道を好きになるのは、自分たちが抱えているややこしい歴史から自由になれるからだ。

歴史から自由な大地には誰でも入っていける。歴史から自由な北海道は包容の大地なのだ。

◇希望の大地、北海道

21世紀は穀物争奪の世紀となる。

幸いに日本の人口は減少していくが、世界の人口は90億人へ増加していく。世界の穀物は間違いなく不足し偏在していく。

穀物生産の化学肥料の原料・リン鉱石はすでに枯渇し始めた。米国は自国からリン鉱石を流出しないよう輸出を止めてしまった。また、大量の地下水汲み上げでアメリカ大陸、中国大陸、インド大陸の地下水は毎年低下し続けている。

地球温暖化がそれに拍車をかける。100年後には気温は現在より4〜5度上昇し、高緯度で降雨は増えるが、中緯度から低緯度の大陸では乾燥化が進んでいくという。

世界の穀物大陸は土地の疲弊と深刻な水不足で収穫量は激減していく。世界中の国々で穀物の確保が最優先となり、何かあれば自国の都合でいつでも輸出を止めてしまう。

21世紀中に地球規模の食糧逼迫が顕在化し深刻化していくのは間違いない。

その21世紀、日本は切り札を持っている。食糧自給のための切り札である。

その切り札とは北海道である。

図2のⒶは北海道の現在の平均気温分布であり、Ⓑは100年後に各地が単純に4〜5度上昇した場合の平均気温分布である。現在、北海道の太平洋側は年平均気

図2　北海道年平均気温

現在の気温の出典:「日本気候図」1993年版(気象庁)

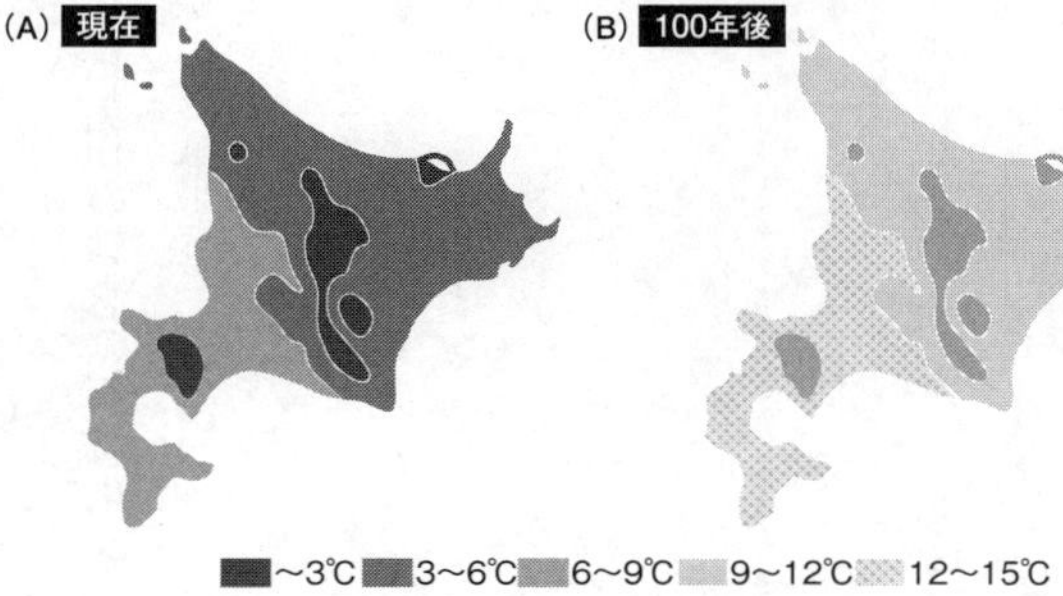

100年後には日本の年平均地上気温は3.5℃〜5.5℃上昇すると予測
(地球温暖化の日本への影響2001
地球温暖化問題検討委員会影響評価ワーキンググループ)

温3〜6度で、日本海側は6〜9度である。100年後には太平洋側の年平均気温は9〜12度となり、日本海側は12〜15度となる。

100年後の北海道は今の東北から関東の気温になり、北海道の全域で稲作はもちろん、ありとあらゆる農作物が収穫できる。

日本は北海道という穀倉地帯を手に入れることとなる。北海道は東北6県と北関東3県を合わせた広大な土地である。間違いなくこの地が日本の未来の食糧を支えていく。

北海道は弥生時代を持たなかった。その北海道は新たな弥生時代に入ろうとしている。

大正、昭和の執念の石狩川ショートカット、そのショートカットが北海道の弥生を準備してくれた。

北海道は過去の歴史から自由だったが、その北海道は未来の日本の歴史を背負っていくこととなる。

第10章

上野の西郷隆盛像はなぜ「あの場所」に建てられたか

樺山資紀の思い

幕末を生き残った英雄たちは、口をそろえて西郷隆盛を讃《たた》えている。

その西郷は西南の役で明治政府と対決し、討死してしまった。そのため、西郷と断定できる写真は残されておらず、その実像は伝えられていない。

私たちが西郷を知るのは、なんといっても上野の西郷像となる。

明治31年、勝海舟も参加して西郷像の除幕式が行われた。その除幕式で西郷隆盛の糸子夫人が発した「こげんなお人ではなかった」という言葉が、西郷の実像の謎を深めてしまった。

徳川幕藩体制から明治の近代国家への変身の立役者の西郷隆盛とは、いったいどういう人だったのか？

その西郷を知りたくなると、どうしてもあの上野の像へ足を運んでしまう。

何度か上野へ行き、西郷像の前で佇《たたず》んだ。

そして、何度目かのとき、この西郷像の意味がわかった。西郷像が私の心に直接、語りかけてくれた。

やはり、西郷隆盛は偉大な人であった。この上野の西郷像がそれを表現していた。

新緑の6月、上野の西郷さんの前のベンチに腰をおろした。

家族連れが次々と西郷さんの前で写真を撮っていく。何十年もの昔、ここで両親に写真を撮ってもらった記憶がある。しかし、その写真はアルバムにない。私の記憶違いだったのだろうか。

今日ここへ来たのは、ある気がかりなことを確かめたかったからだ。

もう一度、西郷さんを仰いだ。「よかったー」と深く息をしながらつぶやいていた。

◇明治の小さな謎

テレビの歴史ドラマで人気があるのが幕末物だ。幕藩封建体制から近代的な国民国家への変身は何度見ても興味深い。

その幕末物では必ず西郷隆盛が重要な役目として登場してくる。私はその西郷を見ていると、いやがおうにもあの西郷像の謎が浮かんできてしまう。

謎と言っても、激動の明治にあっては、とるに足らない小さなものだ。しかし、それは西郷を愛する人々のノドに刺さっていて、忘れようとしても忘れられない謎である。

その西郷像の謎とは、1898(明治31)年の西郷像の除幕式に生まれた。

除幕式に参列していた西郷隆盛の糸子夫人がふと口に出した「うちの主人は、こげんなお人ではなかった」という言葉である。

それを耳にした周囲の人々は驚いて、糸子夫人をそっと制したという。

糸子夫人が口にした「西郷像が本人と違っている」は何を意味しているのか?

その後、糸子夫人が西郷像について述べている記録はない。

そのため、糸子夫人の言葉には2通りの説が生まれてしまった。

2通りの説とは「顔」と「服装」に関してであった。

顔か服装か

西郷隆盛は坂本龍馬や勝海舟のように、本人と断定できる写真を撮っていなかった。そのことから、糸子夫人の言葉は、西郷像の「顔」が似ていなかったという説である。

2つ目の説が「服装」である。西郷は大変礼儀正しい人であった。部下たちが自宅に来たときも、わざわざ袴《はかま》をつけて対応したという。けっして普段着で人前に出るようなことはなかったため、西郷像の服装は西郷隆盛のイメージと異なるという説である。

今となっては「こげんなお人ではなかった」の糸子夫人の言葉を確かめようもない。また西郷像の謎と言っても、明治史を左右するような話ではない。そのため、この小さな謎は、西郷を愛する人々の間だけに放置されていた。

私もその仲間であったが、西郷像に関しての謎というより、ある疑惑を抱えていた。それは西郷像の「服装と場所」に関してであった。

単に西郷像が軽装だったからではない。「なぜ、あの場所で、あの服装の西郷像にしたのか?」という明治政府に対する疑惑であった。疑惑と言っても勝手な思い過ごしで、それを解き明かす取っ掛かりなどない。考えると気が重くなるのでいつの間にかこれを避けていた。

上野の山王台《さんのうだい》は、明治維新を走り抜け、逝った人々の江戸の慰霊の場である。その慰霊の場に、普段着姿の西郷像を建てた明治政府の意図は何だったのか？

上野の西郷像を考えると気が重くなる理由は、明治政府の西郷隆盛に対する悪意の結果がこの像になったという疑惑に囚われてしまうからだ。

彰義隊

江戸の封建幕藩体制から明治の中央集権立憲君主制への大転換は、無血革命であった。そういわれる所以が、大政奉還と江戸城の無血開城にある。

1868（慶応4）年、高輪の薩摩藩邸で、大総督府参謀の西郷隆盛と旧幕臣の勝海舟の会談が行われた。勝の主張する徳川慶喜の安全は保障され、西郷の主張する江戸城の明渡しは約束された。この2人の会談で江戸城の無血開城が実現し、江戸の町は戦火からまぬがれた。

西郷隆盛と勝海舟の信頼関係は深く、西郷は市中の治安維持を江戸に詳しい勝海舟に任せた。勝海舟はその役目を上野寛永寺に構えていた一橋家の旧幕臣たちに任せた。

一橋家の旧幕臣が上野に構えていた目的は、新政府に反抗することではなく、一橋慶喜の復帰を図ろうとしていたものであった。しかし、江戸市中の治安維持を受け持ったことにより、新政府に対抗する旧幕臣たちの集団へと性格を変えていった。江戸市民に人気があった彰義隊は、多くの志願兵も含め３０００人を超える大集団に膨らんでいった。

次第に過激になっていく彰義隊を苦々しく思っていた新政府は、長州の軍略の天才、大村益次郎を江戸に呼び寄せた。

大村益次郎は、西郷らの大総督府を無視して、彰義隊討伐作戦を作成していった。

◇大村益次郎の討伐作戦

大村益次郎の彰義隊討伐作戦の最大の攻防地点は、上野広小路から寛永寺に入る黒門であった。寛永寺の黒門は、城でいう大手門にあたり彰義隊の本隊が構えていた。

現在、その大切な黒門は跡形もない。上野広小路から上野の丘に向かうとカエルの噴水がある。**写真1**が、のんびりと水を噴き上げているカエルの噴水で、ここが黒門があった場所である。

戦いが開始されれば、この黒門での攻防は激戦となり、双方に多くの犠牲者をだすことが予想された。その黒門攻撃の先鋒隊に、大村益次郎は薩摩藩隊を指名した。それを聞いた西郷は、大村に「薩摩兵は皆殺しになれというのか」と問うと、大村は平然として「さよう」と答えたという逸話がある。

西郷隆盛は一指揮官としてこの戦いに参加することとなった。

1868年5月15日未明、新政府軍は上野寛永寺に向かって攻撃を開始した。

黒門と山王台の激戦

薩摩藩隊は、上野広小路から寛永寺正面の黒門に攻撃を仕掛けた。上野の黒門からは、上野広小路は見通しが良かった。さらに、彰義隊は黒門の真上の山王台に大砲を構えていた。黒門からの銃撃と山王台からの砲撃で、薩摩藩軍は狙い撃ちにさ

写真１　黒門跡にあるカエルの噴水

れ釘付けになってしまった。
　山王台からの砲撃で苦しむ薩摩藩軍を見て、同じ新政府軍の鳥取藩隊は山王台を見通せる商家の２階に上がり、そこから山王台の彰義隊への狙撃を開始した。彰義隊も商家の２階からの射撃は予想していなかった。山王台の彰義隊がひるんだところを、薩摩、熊本、鳥取藩隊の決死隊が山王台の崖をよじ登り、山王台を攻め落とした。
　それに機を合わせ、薩摩藩隊が黒門に一気に押し寄せ、黒門周辺では銃と刀を抜いた激しい白兵戦が繰り広げられた。
　本郷台に構えた佐賀藩砲兵隊の最新のアームストロング砲が彰義隊に撃ち込ま

れると、彰義隊の統制は崩れ、ちりぢりに敗走していった。未明から始まった上野戦争は、夕刻時に寛永寺が火の海となることで終了した。

この上野戦争での最大の激戦地が、黒門であり山王台であった。

この山王台こそ、現在、西郷像が立っている場所である。

◇西郷像の除幕式

黒門と山王台は最大の激戦地で、西郷を慕い従ってきた薩摩藩隊の兵士、江戸に命を賭けた旧幕臣の侍が重なり合って倒れた場であった。

上野の戦いで指揮を執った西郷にとって、この黒門と山王台は慰霊の場であった。

その慰霊の場に、明治政府はあのくだけた普段着姿の西郷像を建てた。

1877（明治10）年、西南戦争で新政府に刀を向け、硝煙の中で西郷は自死した。明治天皇は西郷を信頼しており、その死を悲しんだと伝えられている。明治天皇じきじきの働きかけもあり、明治22年の大日本帝国憲法発布に伴う恩赦で、西郷の名誉は回復され正三位を追贈された。

さらに西郷の功績を讃えるため、銅像の建立が決定し、天皇より金500円が下《か》賜《し》され、2万5000人の多くの人々から寄付が集まり、明治26年に着工され明治31年に除幕式が行われた。

除幕式には総理大臣・山県有朋はじめ勝海舟、大山巌、東郷平八郎ら明治維新を生き残った英雄たちが参列した。

西郷隆盛の弟の西郷従道の令嬢によって像の幕は引かれた。その幕の中から、普段着姿で野に遊ぶ西郷像が現れてきた。

糸子夫人が「こげんなお人ではなかった」と口に出したのも、この時であった。

◇江戸唯一の戦場の山王台

無血開城の江戸において、上野の山だけが戦場となった。東京で唯一この地が、明治維新で逝った人々を思い起こさせ、慰霊する場でもあった。

その慰霊の場に、くだけた普段着の西郷像が建てられた。なぜ、明治政府はこのような姿の像にしたのだろうか。西郷隆盛への悪意だったのだろうか。

西郷像の建設委員長だった樺山資紀《かばやますけのり》が除幕式展の冒頭に像建設の経過報告をしている。樺山資紀の長い報告の中で、西郷像の姿に触れた箇所がある。

「銅像の設計図は当初苦心を極め、延び延びになったが、遂に今の姿に決定した。これすなわち君が平生好む山野で狩をする姿に超凡、脱俗のおもむきを示したり。」（敬天愛人フォーラム、上野公園銅像の由来より）

樺山資紀建設委員長の経過報告で、西郷の姿に言及していたのはここだけである。普通は除幕式典の挨拶は、差しさわりのない言葉の羅列である。完成までの隠された苦労など、晴れがましい式典で述べられないが「苦心を極め」という樺山資紀の言葉は何かを語ろうとしていた。

西郷像除幕式典で、像の彫刻は高村光雲によると報告されている。

では、西郷像のあの姿は、彫刻家、高村光雲の発想だったのか？

高村光太郎の回想

なぜ、高村光雲は西郷像を普段着にしたのか？　今となっては高村光雲の頭の中までは入り込めない。

高村光雲の長男は、高村光太郎である。高村光太郎は、大正から昭和にかけて詩集『道程』や『智恵子抄』を世に出した詩人であり彫刻家でもある。高村光雲の資料は少ないが、高村光太郎の資料は豊富にある。なんとなくその高村光太郎の資料の山に入り込んでいくと、高村光太郎の「回想録」と出会った（『昭和文学全集第４巻』小学館、１９８９年）。

高村光太郎は「回想録」で父、光雲のことを述べている。光雲が楠木正成像を制作していたときの明治天皇の思い出が語られ、その後に西郷像の制作の逸話が述べられていた。

「あの像は、南洲（西郷隆盛）を知っているというういろいろな人が見に来て、皆自分が接した南洲の風貌を主張したらしい。伊藤（博文）さんなどは陸軍大将の服装がいいと言ったが、海軍大臣をしていた樺山（資紀）さんは、鹿児島に帰って狩をしているところがいい、南洲の真骨頂はそういうところにあるという意見を頑張って曲げないので結局そこに落ち着いた。（中略）樺山さんが彼処で大きな声で怒鳴りながら指図していたのを覚えている。」

ついに見つけた。西郷隆盛像の姿を決定したのは、樺山資紀《かばやますけのり》であった。銅像制作の現場の証人、高村光太郎の証言があった。

◇樺《かば》山《やま》資《すけ》紀《のり》の指示

樺山資紀は薩摩出身である。薩英戦争、戊辰戦争に従軍し、西郷隆盛に認められて西郷留守内閣の明治4年に陸軍少佐に任ぜられた。西南戦争では薩摩軍が攻撃した熊本城を死守し、その後、陸軍少将、海軍次官、海軍大臣、海軍大将、文部大臣の要職を歩んでいく。樺山は豪胆な軍人であったが、言葉遣いが単刀直入であった。海軍大臣当時、国会でいわゆる蛮勇演説事件も起こしている。

その樺山資紀が、西郷像の姿を決めていた。伊藤博文の主張する陸軍大将の服装を拒否し、野山に遊ぶ姿にしたのは樺山資紀であった。

除幕式での建設委員長、樺山資紀の挨拶の中の「君が平生好む山野で狩をする姿に超凡、脱俗のおもむきを示したり」が、改めて大きな意味を持ってきた。

伊藤博文の主張した陸軍大将の姿では、西郷への慰霊にならない。この山王台は薩摩藩兵士だけではなく、旧幕臣の彰義隊の慰霊の場でもある。新政府と旧幕臣たちの戦いや確執の歴史を超越し、明治維新で逝った多くの人々への慰霊には、軍服姿の西郷隆盛ではなく、野に遊ぶ西郷隆盛が必要だった。

樺山資紀の残されたわずかな言葉から、その思いが伝わってくる。

しかし、心にかかることが残ってしまった。

山王台で西郷像が立つ「位置」である。

◇西郷像の位置

西郷像の背後には、彰義隊の墓がある。西郷像はその彰義隊の墓をさえぎるように立ちはだかっていることが気になってしまったのだ。

山王台に彰義隊の墓が建てられたのは、明治14年である。西郷像はそれから17年後に建てられた。その彰義隊の墓をさえぎって西郷像が建てられたのなら、彰義隊への慰霊どころではない。明治政府や樺山資紀は、彰義隊に対して悪意を持っていたといわれても止むを得ない。

そのことが気になって、上野の西郷像へ向かったのだ。

初夏の日差しの中、西郷像は悠然と立っていた。その背後の林の中に彰義隊の墓があった。

彰義隊の墓の前で手を合わせた。墓から前方を見ると、上野広小路方面が見通せた。西郷像は彰義隊の墓から40m程度前に立っていたが、墓の正面からは20mほど左に避けて立てられていた。

彰義隊の墓は西郷像によってさえぎられることなく、新政府軍が攻めてきた上野広小路を向いていた。

西郷像は、彰義隊の墓をさえぎってはいなかった。

彰義隊の墓から西郷像へ歩いて行った。西郷像の前で、西郷像が望む方向を見ると、それは上野広小路ではなかった。上野広小路方面から30度ほど南を向いていた。その方向は皇居ではなかった。鹿児島でもなかった。

図1が山王台の西郷像の位置と方向である。その方向は太平洋であり、その太平

図1　上野 西郷像の位置

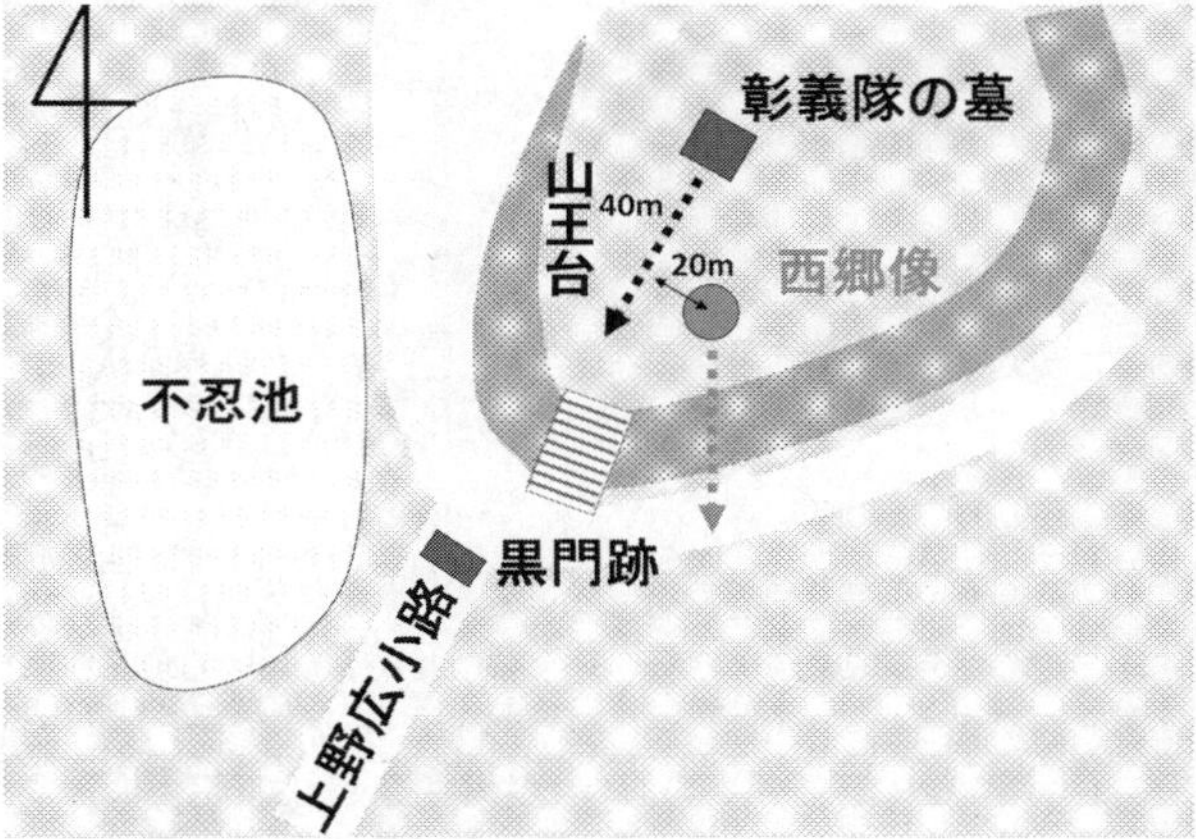

洋を渡ってくる米国の艦隊を見つめる方向であった。

明治維新の戦いの日々を駆け抜けた西郷は、まるでかつての敵の彰義隊を庇《かば》うようにゆったりと山王台に立ち、東京湾から続く太平洋を眺めていた。

東京の3大銅像といえば、皇居前の楠木正成像と靖国神社の大村益次郎像と上野の西郷隆盛像である。この中で、圧倒的に人気があるのが西郷隆盛像である。

楠木正成は甲冑《かっちゅう》に身を固めて皇居に向かって馳せ参じるかのようである。大村益次郎は今でも彰義隊と闘う官軍を指揮するように上野をにらんでいる。

西郷隆盛像は野に遊ぶ普段着姿だからこそ、江戸無血開城を行った平和の象徴として、全国の日本人の記念写真の場になっている。

西郷は彰義隊をさえぎっていなかった。樺山資紀という人は心から西郷を愛していたのだ。西郷像の前でそれを理解したとき、ほっとして目が滲んでしまった。

第11章

信長が天下統一目前までいけた本当の理由とは何か

弱者ゆえの創造性

織田信長は不思議な戦国大名である。

信長が語られるのは戦場の戦闘ではない。信長の若き日のおかしな行動とか、部下たちへの仕打ちとか、鉄砲や西欧文化への興味とか、いつも彼の振る舞いが話題になっている。

織田信長は戦闘ではいつも苦戦の連続であった。唯一、捨て身のゲリラ戦の桶狭間の戦いが、信長の戦闘の勲章である。正規軍の戦闘では、盟友の徳川家康の活躍や、部下の羽柴秀吉、柴田勝家、前田利家らの活躍が目立った。

戦国を収拾した3傑の織田信長、豊臣秀吉、徳川家康の中で、どうも織田信長は戦闘で見劣りしている。しかし、その織田信長は天下統一をほぼ実現した。織田信長の亡き後の戦闘は、豊臣秀吉と徳川家康の跡目相続の戦いでしかない。

なぜ、戦闘に弱かった信長が、天下統一の直前までいけたのか？

その理由は、信長は戦闘そのものが得意でなかったからだ。戦闘に弱かったからこそ、天下統一までいけたのだ。

このような思いに至ったきっかけは、霊長類学者の河合雅雄博士のある言葉だった。

サル学の権威、霊長類学者の河合雅雄博士のサルの話を読んでいて、目からウロコが落ちた。

野生のチンパンジーの群れを観察していたJ・グドール氏が面白いことを目撃したのだ。そのチンパンジーの群れの中で、雄のマイクは体が小さく弱虫で、順位は一番劣位であった。そのマイクはあるとき、強い雄の側で石油缶をガンガン鳴らした。その音で上位の強い雄をさんざん嫌がらせて順位を上げて、遂に第1位になってしまった。道具の使用を考えついたのは弱いマイクだからこそだった。

この弱虫マイクがある謎を解いてくれた。それは織田信長の謎であった。

不可解な信長

応仁の乱から100年以上戦国時代が続いた。その戦国の世を平定するきっかけをつくったのが織田信長であった。

信長が華々しく登場するのは1560年の桶狭間の戦いである。その後、信長は美濃の斎藤氏を攻め、姉川の戦いで浅井《あざい》・朝倉氏を破り、長篠の戦いで武田勝頼を破り、大坂の石山本願寺を屈服させた。武力で天下を平定する「天下布武」がみえた1582年、本能寺で明智光秀に討たれ49歳の生涯を閉じた。

信長の代表的な戦いは、桶狭間の戦い、長篠の戦い、石山本願寺戦争での毛利水軍との戦いである。

後世の我々はこれらの華々しい勝利に眼を奪われてしまう。しかし、信長の戦いを丁寧に検証していくと、信長の戦いは稚拙であり、苦戦と苦闘の連続であった。

信長は元康（後の家康）と清洲同盟を結んだ後、美濃の斎藤氏を攻撃するが美濃衆の抵抗で何度も失敗している。藤吉郎（後の秀吉）の策略でやっと美濃を制したのは桶狭間の戦いから7年も経過してからである。

浅井・朝倉連合軍との姉川の戦いでも、信長軍本隊は13段構えのうち11段まで崩れ敗北寸前となった。そのときは家康軍の活躍で薄氷を踏む勝利を得ている。

一向宗門徒との戦いでも、信長軍は敗退を繰り返している。願証寺に立て籠もった長島一向一揆に苦戦し、大坂の石山本願寺にも勝てず和解するまでに11年もかかっている。

信長の負け戦の数は非常に多い。どうも信長は戦い上手ではなかったようだ。

図１　戦国時代の諸国図

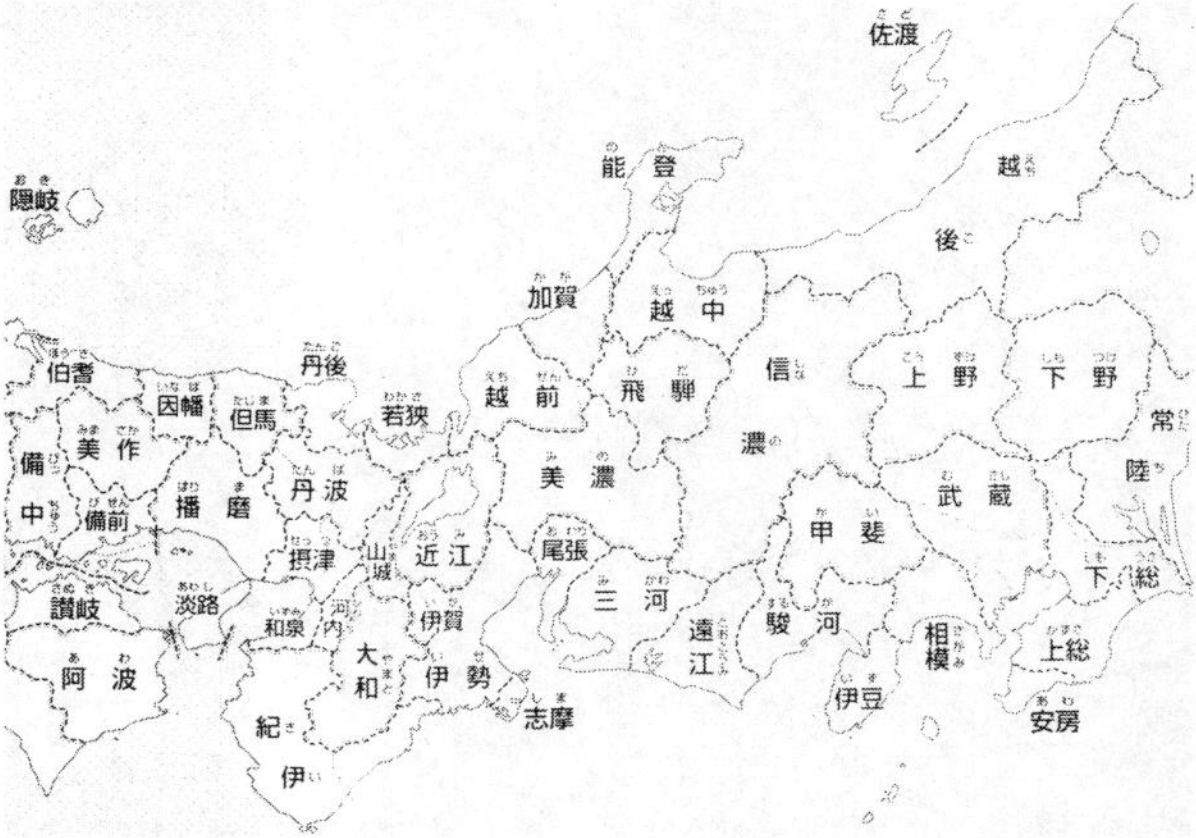

出典:『図解　戦国時代が面白いほどわかる本』(金谷俊一郎著／ＫＡＤＯＫＡＷＡ　中経出版)

強い信長と弱い信長の落差はあまりにも大きい。一体、信長は強かったのか？　弱かったのか？　ずっと抱えていたこの謎が弱虫チンパンジー・マイクで解けたのだ。

疎外された武将、信長

図1は戦国時代の領土分布図である。織田氏の尾張は祖父の信定、父の信秀を通していつも周囲を敵に囲まれていた。

東には三河の松平氏とその背後の今川氏、北には美濃の斎藤氏とその背後の武田氏、西には伊勢の北畠

図2-Ⓐ　現在の近畿・中部地方

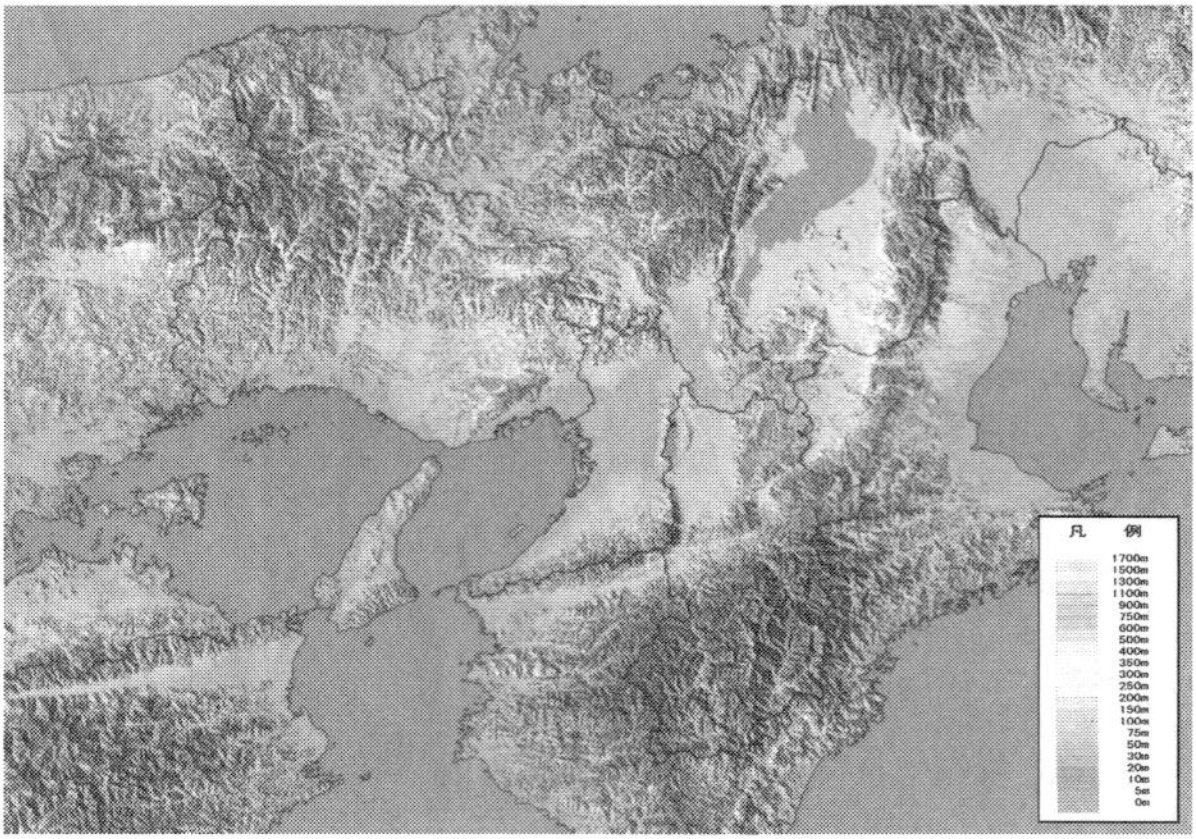

氏、滋賀の浅井氏が勢力を誇っていた。尾張は隙をみせればいつでも有力大名に喰われてしまう運命にあった。

図2は地盤標高数値でコンピュータを使って作成した中部・近畿地方の地形図である。**図2**のⒶは現在の地形図である。Ⓑの地形図は海面を現在のⒶより5m上昇させてある。つまりⒷは今より海面が5m高かった縄文時代前期の地形図となっている。

この縄文時代、海は岐阜県の大垣市まで進入し、尾張・濃尾地方は海の下であった。その後、海面が下がり川の土砂が堆積して広大な尾張・濃尾平野となっていった。そのことがⒶとⒷの地形図によ

図２-(B)　縄文時代前期の近畿・中部地方（海面５ｍ上昇）

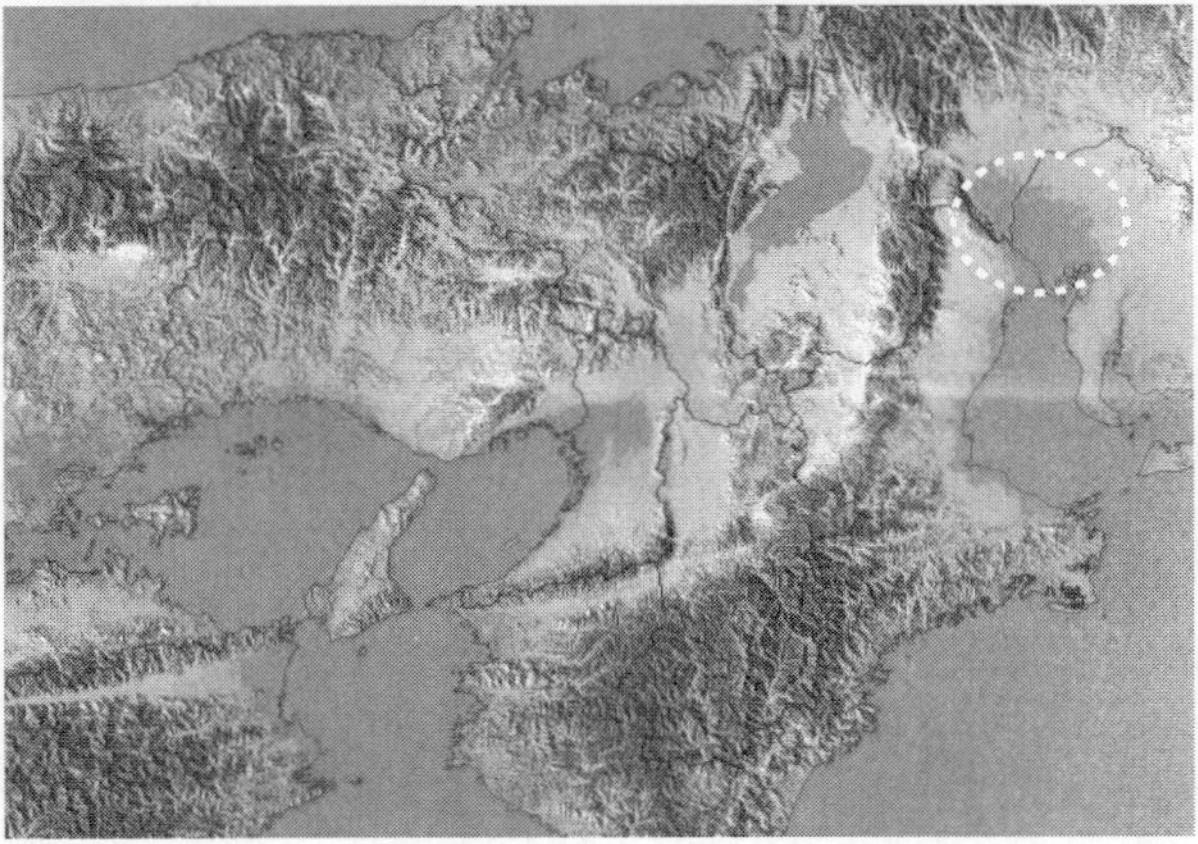

って見事に表現されている。

　この図を見ているとこの地方がいかに水害に弱いかが容易に理解できる。堤防や排水ポンプがある今でもこの地方は水はけが悪い。ひとたび大雨や高潮に襲われると大災害となってしまう。死者４６４５人の１９５９（昭和34）年の伊勢湾台風、一晩で６０００億円の人々の財産を奪った２０００（平成12）年の東海豪雨災害など、史上記録的な災害はこの地で発生している。

　ましてや、戦国時代には堤防もなく排水ポンプもない。少しでも雨が降るとすぐ水浸しになり、1～3日後には揖斐《いび》川、長良川、木曽川、庄内川の洪水が時間差をつけて次々と襲ってきて、何日も水が引かない湿地帯となっていた。

信長の本拠地の清洲や甚目寺《じもくじ》もこの湿地帯の中にあった。ここは稲作に適していたが、大軍が駆け巡り会戦を繰り広げる土地ではなかった。

それに比べ、周囲の大名の武田、上杉、今川、斎藤、浅井、朝倉、松平氏たちはみな乾いた大地を持っていた。その土地では騎馬軍団や兵卒が駆け巡り、布陣を張り、敵と対峙し、戦闘を交える戦国絵巻が展開されていた。

その同じ時期、織田一族は3代にわたり一族内部で血で血を洗う陰惨な闘争を繰り返していた。まさにジメジメした土地のジメジメした戦いであった。その中で生まれ育った信長は、大地を駆け巡り、布陣を張り、敵と対峙し、戦闘を交える会戦を経験していなかった。信長は戦国の戦いを知らない、戦国絵巻から疎外された武将として戦国の世に登場した。

この信長が強いわけがない。弱くて当然であった。

その弱い信長が、戦国最強の敵に次々と勝ってしまう。これが信長の謎である。

死を覚悟した信長

信長の最も有名な桶狭間の戦いは不思議な戦いだ。

1560年、今川義元は三河の松平元康を従えて4万人の大軍で尾張に迫った。一方の織田軍はたった5000人、兵卒の数だけでない、戦闘経験のない信長軍と百戦錬磨の今川軍である。どこから見ても今川軍の勝利は確実であった。

信長は絶体絶命に陥った。布陣を張って対峙する戦法、清洲城に立て籠もる戦術、何をやっても今川軍に一蹴されてしまう。ここで信長は完全な敗北と自分の死を悟った。幸若舞《こうわかまい》の「人間五十年、下天の内をくらぶれば、夢、幻のごとくなり。ひとたび生を得て滅せぬ者あるべきか」を舞うのはこのときであった。

しかし、信長が死を悟ったところから勝利が芽生えてきた。

何故、この桶狭間の戦いで信長が勝利したか諸説ある。

桶狭間の地形を知り抜いていたから。今川陣営を覗《うかが》う偵察が勝っていたから。驟《しゅう》雨《う》という偶然が幸いしたから。今川義元が昼間から酒宴を開くというミスを犯したから……などなどの説である。

これらは信長勝利の謎のジグソーパズルのピースだが、全体フレームではない。歴史家はこの謎を論ずる際、今川義元の首が取られるまでに主力を置いている。しかし、なぜ、今川義元の首が取られた瞬間、今川の大軍があっという間に崩壊したかには言及していない。

そこにこの謎のジグソーパズルの全体フレームがある。

本隊の特攻化

何をやっても敗ける、間違いなく死ぬ、そのことを悟った信長は戦国の常識を覆す戦法を取った。信長は今川軍に対峙する布陣も張らず、籠城作戦もとらなかった。

信長は自らを特攻隊と化したのであった。特攻隊と化して今川義元の首、ただその首だけを狙っていった。

総大将が敵陣に突撃することは、自分の命を敵に晒《さら》すことである。戦国時代、そのような戦術はなかった。なぜなら、重臣たちが全員生き残っていようが、兵卒が何万人残っていようが、総大将一人が死ねば戦いは即座に終了してしまう。

もし総大将が死ねば、次の総大将を決める一族内部の跡目相続に備えねばならなかった。下克上の時代、他国との戦いより跡目相続のほうがはるかに切実で緊急を要する戦いであった。

他国との戦闘で負ければ、自国に逃げ帰り籠城してしまえばよい。城に籠もってがんばっていれば、包囲した敵軍は農繁期になると自国へ帰ってしまう。兵農分離はもっと先で当時の兵卒は農民でもあった。農民にとって田植えや稲刈りは戦いより大切であった。

つまり、他国との戦いでは落城さえしなければ、領土と命が助かる逃げ道があった。しかし、一族の跡目相続の戦いではそうはいかない。この戦いの敗者にはもはや逃げ帰る領土と城はなかった。跡目相続の戦いは領土と命の全てを賭けた逃げ道のない戦いであった。

このような事情の戦国時代において、総大将の死は跡目相続の闘争が開始される合図であった。総大将一人が死ぬと、今まで戦っていた大軍がウソのように崩壊したのはこのためである。

だから総大将の信長自身が特攻と化し、命を敵に晒すことは信長軍としては絶対考えられない戦術であったのだ。

明日に戦いを控えても信長は一切軍議を開こうとしなかった。軍議を開かない信長に対して重臣たちは不平を述べ嘆いた、と伝わっている。しかし、信長は軍議でこの作戦を説明すればするほど、重臣たちが混乱に陥ることを知っていた。信長の特攻作戦は信長の死を意味しており、重臣たちに信長の死と跡目相続がよぎれば、織田軍は戦いを前にして崩壊してしまう。だから信長は軍議を開かなかった。

信長の作戦はただ一つ。今川の大軍が山中で縦に伸び切ったところを、大将の陣を目指して横から討つ、それだけであった。どのような大軍でも山の中では細い線となる。地形を知り尽くしていた地元の信長は、その山地の地形を唯一の味方として突入していった。

たった2000人の信長特攻隊は今川義元を討ち取った。そして「義元の首取った！」という一声で、圧倒的な4万人の今川軍は一瞬にして崩れ去っていった。

義元の首だけを狙った信長自身の特攻化が、桶狭間の戦いであった。

◇卑怯者の戦い

長篠の戦いも戦国時代の常識を破った異様な戦いであった。

1575年、長篠の戦いで織田・徳川連合軍は武田騎馬軍団を打ち破った。鉄砲隊による馬防柵《ばぼうさく》からの三段撃ちは細部まで語り尽くされている。

私の興味と謎は「なぜ、信長はこの戦術にたどりついたか？」である。

その答えはこの異様な戦いの中に見出せる。それにしてもこの戦いは異様である。

織田軍3万5000に対し武田軍は1万5000と圧倒的に織田軍が有利である。戦場の設楽ケ原《したらがはら》は武田軍の信州からは遠く、信長軍が熟知している土地である。私も実際に現地を見て驚いたが、その地形は起伏に富み狭隘《きょうあい》で騎馬軍団の強みが生かされにくい。どこから見てもこの戦いは武田軍に不利で、織田軍に有利であった。

それでも、織田軍は異常な熱意で馬防柵を築いていった。延長は約３㎞におよび、さらにその柵もご丁寧に三重とした。そして信長は、「柵から外へ出て戦うな」と命令を下した。信長軍は柵の中から武田騎馬軍の馬を狙い撃ちし、転倒した馬の武将に銃弾を雨のように浴びせた。武田軍は20回近く突撃を繰り返し、激闘は8時間にも及んだ。

この戦いで織田連合軍が圧勝したとされているが、差が出たのは兵卒の戦死数ではなく幹部重臣たちの戦死数である。織田軍の重臣の戦死はなかったのに対して、武田軍は20人以上の重臣を戦死させてしまった。

異様なのはこの点である。武田軍の武将たちは勇猛果敢に突撃し鉄砲隊の餌食になり、織田軍の武将たちは後方に引っ込んだまま出てこない。

相撲に例えると、武田軍は裸になり土俵に上がった。ところが、相手の織田軍は裸にならず土俵にも上がってこない。土俵の下で鎧を付けたまま、急に鉄砲を撃ちまくる。裸の武田軍は土俵の上でバタバタ倒れていく。戦いというより戦いの暗黙の約束事を無視した虐殺であった。

戦場の虐殺の現場には共通した空気が流れている。それは恐怖である。虐殺される側の恐怖ではない。虐殺する側が恐怖に支配されているのである。この長篠の戦いの虐殺劇を見ていると、信長軍の恐怖が見えてくる。

信長は大会戦を学ばないで育った、戦国時代の戦闘の弱者である。武将たちも途中採用の寄せ集めで、頼りになるのは前田軍、佐々《さっさ》軍、徳川軍と限られていた。一方の武田軍は何十年も続いた名門で団結力が強い。時速40kmで何キロも一気に駆け抜け、攻めては引き、引いては攻める16世紀の世界最強の騎馬軍団であった。

武田騎馬軍団が突入してくると、兵卒たちは悲鳴をあげてちりぢりになったという。幾重もの布陣は崩され、あっという間に本陣まで切り込まれてしまう。この武田騎馬軍団を前に織田軍の兵卒たちは恐怖に怯えていた。その怯える兵卒たちを見た信長はここでも不思議な力を発揮していく。

恐怖にとりつかれた弱者たちが勝つにはどうすればよいのか？　様式に囚われない、手段も問わない、卑怯といわれてもいい、ともかく勝つ戦術は何か？　を信長は考え抜いた。そして生まれたのが、馬防柵に隠れて鉄砲を撃ちまくる戦法であった。

長篠の戦いは恐怖にかられた弱者の戦い、卑怯者の戦いであった。

石山本願寺の謎

次に石山本願寺との戦いを見てみよう。

信長は1570年~80年の11年間、各地の一向宗と血みどろの戦いを繰り広げた。この一向宗の本山が大坂の石山にあったので石山本願寺戦争と呼ばれた。この戦いには二つの謎がある。

なぜ、信長はあれほど石山本願寺にこだわったのか？　なぜ、あれほど戦いが長期に泥沼化したか？　である。

信長の石山本願寺へのこだわりは尋常ではない。この理由に関しても諸説ある。すなわち、信長は一向宗の財力に目をつけた。信長は自分が神になりたかった。一向宗は各地で大名を支えていた……などなどの説である。

しかし、信長はあやふやな因習、伝統、宗教などを嫌い、当時としては珍しいほど合理的な思考をする人間であった。石山本願寺へのこだわりがこのようなものであったら、この戦いはあまりにも不合理である。

石山本願寺は独自の領土を所有してはいなかった。領土を持たない宗派を根絶やしにしても領土はいっさい増えない。これは一向宗討伐を命ぜられた武将にとってはたまらない。戦国の世で一番大切だった領土という戦利品がなければ、戦いは単なる殺生になってしまう。

いくら絶対君主の信長といえども、不毛な殺生を武将たちに続行させられるわけがない。武将たちも信長についていくわけがない。そこには何か重大な理由が存在していたはずである。

戦いが11年も長引いたのも不思議だ。相手は所詮、僧侶と老若男女の民衆の集団である。戦いの専門集団・信長軍団の敵ではない。「進むは極楽浄土、退くは無間《むけん》地獄」を唱える一向宗信徒が捨て身だったとはいえ、信長軍は敗退の連続であった。

なぜ、信長はこの戦いにこだわったのか？　なぜ、この戦いがこれほど長引いたのか？

その答えは**図2**の(B)に隠されている。

絶対の上町台地

信長は一向宗にこだわったのではない。「石山」という土地にこだわったのだ。石山とは大阪市中央区の上町《うえまち》台地を指す。**図2**の(B)の近畿地方の地形図でわかるように、縄文時代この上町台地は大阪湾の海に突出した半島であった。

戦国時代の海面はすでに下がっていたが、満潮には海流が淀川・大和川の奥まで逆流し、雨が降れば一面水浸しの湿地帯であった。浪速（なにわ・なみはや）、難波《なんば》は名前のとおり海の波にさらされていて、大坂の河内《かわち》もまさに「河の内」であった。当時の大坂、摂津地方で唯一この石山の上町台地だけが乾いた高台であった。

さらに、当時の物流を担っていたのは船運であった。その船の行き交う要所がこの上町台地であった。この上町台地は淀川の河口に位置していて、京都の朝廷を牽制できた。さらにここは貿易港・堺への通過点であり、西国大名を討伐する最前線基地でもあった。

「石山」つまり上町台地は戦国の世を平定するため絶対的に重要な地であった。

信長はこの土地を何が何でも手に入れたかった。信長の武将たちもこの上町台地の重要性を十分知っていたからこそ、11年間も辛い戦いを継続できたのだ。戦国の天下を制するのが上町台地であり、信長の石山本願寺戦争はこの地を得るためのものであった。

このことを痛いほど知っていた西国大名がいた。安芸《あき》の毛利輝元であった。毛利は村上水軍と手を結び一向宗の側に立った。

村上水軍は中世、戦国時代を通して瀬戸内海を制覇した一族である。室町時代には幕府から海上警固の特権を得ていたほどである。村上水軍は中国東海岸、台湾、南アジアまで進出し、海外の情報と技術と物資の輸入を握っていた。島の多い瀬戸内海で神出鬼没する不敗の軍団であり、動く関所でもあり、海賊でもあった。

この村上水軍を味方につけた毛利水軍は大坂湾の制海権を握り、上町台地の石山本願寺へ物資を補給した。

そのため石山本願寺への攻撃ルートで残されていたのは、上町台地の南端の天王寺口だけであった。本願寺側はその狭い天王寺口を固めるだけでよく、僧侶や民衆の力でも容易に防御できた。信長がこの本願寺を攻めあぐね、戦いが11年も長引いたのはこのためであった。

石山本願寺戦争の謎は全て図2の(B)の上町台地の地形にあった。

◇世界海戦史上初の戦術

石山戦争勃発から6年目の1576年、浅井、朝倉、武田氏を破った余勢で信長は毛利水軍に戦いを挑んだ。信長水軍は長篠の戦いで大成功した鉄砲三段撃ちで臨んだ。しかし、長篠の戦いで通用した鉄砲三段撃ちは毛利水軍には通じなかった。毛利水軍の戦艦はひるまず織田水軍に接近し、焙烙《ほうろく》と呼ばれる火薬を詰めた焼夷弾や火矢で信長水軍を次々と焼き払った。

信長は生涯何回も戦いで負けている。しかし、これほど完膚無きまで負けた戦いはなかった。「信長敗れる」の報は、いったん治まりかけた戦国の世を再び動揺させた。

信長は身をもって毛利水軍・村上水軍の強さと恐ろしさを知った。

信長の強さ、天才性はここから始まる。信長は自分の弱さを知ると変身していく。

無敵艦隊の毛利水軍を破るにはどうするか、信長は考え抜く。そして、誰も考えたことのない戦術を編み出していった。それは鉄製巨艦の製造であった。長さ12間《けん》(約22m)幅7間(約13m)の巨船を鉄板で覆ってしまったのだ。

前の敗戦から2年後の1578年、鉄で囲まれた艦隊7隻が伊勢を出港した。信長水軍は再び大坂湾で毛利水軍と激突した。この鉄製艦隊は焙烙、火矢攻撃にビクともせず毛利水軍を圧倒し、毛利水軍はちりぢりに瀬戸内海へ逃げ去った。海上からの補給路を断たれた石山本願寺は、朝廷による和解斡旋を受け入れざるを得なかった。信長の和解条件は「石山をよこせ」であり、本願寺はこの条件を受けいれこの地を信長へ明け渡した。

大坂、上町台地は信長のものとなり、いよいよ天下武布が目前に迫った4年後、信長は戦国の舞台から去ってしまった。

上町台地の後日談は語るまでもない。豊臣秀吉は山崎の戦いで明智光秀を破り、翌年に柴田勝家を負かすと、直ちにこの地に大坂城を築造した。信長執念の石山の地は秀吉が引き継いでいった。信長の傍らで仕えていた秀吉は、信長がこだわった上町台地の地形の重要性を知り尽くしていたのだ。そして今度は上町台地に建った大坂城は、大坂の陣で落城するまでの約30年間、徳川家康を苦しめていくことになった。

弱い天才

普段の信長の行状や言動には人徳が感じられない。敵だけでなく味方の武将をもう少し思いやる気持ちがあれば、もっと早く確実に天下を平定できたであろう。また信長の多くの戦闘を見ても、信長が戦に強かったとは思えない。武将の秀吉、家康、利家、光秀のほうが上手に戦い、しぶとく戦い、調略や智謀に長けていた。

平時の信長は全軍の将として、人格的にも武将としても見劣りする。

ところが、絶体絶命の状況に陥ったり、勝ち目のない戦いを前にすると、信長はとたんに魅力的になる。誰も考えたことのない戦術や武器を思いつき、それを実行する。そのとき、信長は眩しく燦然《さんぜん》と光り輝いている。

信長が生まれ育った尾張は低平の湿地帯であった。周囲はすべて強力な大名に囲まれ、間違いなく信長は戦国時代の弱者であった。

その弱い信長は、あの弱虫チンパンジー・マイクだった。

マイクは弱いから考えた。弱いから新しい武器を手にした。弱いから古い概念を破った。そしてマイクは強いチンパンジーたちを次々とやっつけてしまった。それと同じことを信長はやったのだ。

「信長は弱かったのか？　強かったのか？」の問いの解は、「信長は弱いから強かった」である。

信長はやはり天才であった。弱者であること、逆境にいることを創造のバネにした天才であった。

河合博士がサルで論じたように強者は保守となる。保守の強者は新しい工夫をしたり、未知の世界で冒険する危険をおかす必要はない。

弱者こそが新しい工夫をして未知の世界に挑戦していく。

成熟社会を達成した日本において、未来社会への変革者になれるのは保守的な強者の大企業ではない。弱者のベンチャー企業こそが、新しい工夫をして未知の世界に挑戦していける。

第12章

「小型化」が日本人の得意技になったのはなぜか

「縮み志向」の謎

日本人の口ぐせは「かわいい」である。電車の中で女学生は「かわいい！」を連発している。女学生だけではない。成人女性も、いや、男性も「かわいい」と言う。

日本人が愛おしいものに向かって使う言葉が「かわいい」である。この愛おしく「かわいい」と感じる対象は「小さな」ものである。

日本人は小さなものに異常に愛情を感じている。小さなものを愛おしみ、こだわる日本人を表現したのが、１９８２年に出版された李御寧《イーオリヨン》先生の『「縮み」志向の日本人』であった。

この名著は20年以上に渡って、私にある問いかけをしていた。

なぜ、日本人は小さなものを愛おしみ、小さなものにこだわるのか？

李先生は日本人の特徴をあぶりだした。しかし、「その理由はわからない」と正直に述べている。

その20年間の宿題がやっと解けた。その解けた瞬間、私は「李先生、解けましたよ」と夜の空に向かって声を出してしまった。

その答えは「日本の地形」であった。

◇78kmの強歩大会

長野県佐久市に「佐久市強歩大会」というイベントがある。この強歩大会は山梨県韮崎市から長野県佐久市までの78kmを歩くもので、夜の9時から翌日の昼頃まで、15時間以上歩き続けなければならない。

友人と会食していたとき、これに参加している友人の苦労話は面白かった。レース直前や途中の食事は控えなければだめ。持ち物は最小限にする。音楽ヘッドホーンもだめ。靴はぴったりしていても、ゆるくてもだめ。いったん座り込んだら、二度と立ち上がれない。夜が明けると高くなっていく太陽との競争となる。へとへとでゴールに着くと自然に涙が出てしまう、という。

想像を絶する話ばかりであったが、気になったことがあったので、私はその友人に聞き直した。ヘッドホーンもだめという点であった。

iPodもだめ

なぜ音楽のヘッドホーンはだめなのか？　長い夜道だからこそ、iPodで音楽を聴きながら歩いたほうが気分的に楽ではないか？

友人は歩いたことのない人間の質問だな、という得意げな顔つきで答えてくれた。「そのiPodが重たいと感じてしまう。捨てたくなるほど、うっとうしい。しかし、高価なので捨てるわけにはいかない。それが辛い」と笑いながら答えてくれた。

話は他へ移っていった。しかし、私は手にしたビールも飲めず、呆然としていた。長距離を歩くときは、あの小さいiPodまで重たく感じてしまうのか。

それを聞いているうちに、ある謎が解けていった。20年間、心にドカンと座り込んでいた謎であった。

会食が終わり、皆と別れて一人で歩きながら、暗い夜空に向かって「解けましたよ！」と語りかけていた。その相手は、20年前、私にある謎を投げかけた李御寧先生であった。

「縮み」志向の日本人

今まで、数え切れないほどの本を読んできたが、その中で印象深い本を10冊挙げろといわれたら、李御寧先生の『「縮み」志向の日本人』は間違いなく入る。

この本が初版された1982年、日本はまさに高度経済成長の真っ只中で、経済大国に向かって驀進《ばくしん》していた。当時、梨花女子大学校教授だった李御寧氏のこの本は、日本人にちょっとした衝撃を与えた。各新聞の書評で取り上げられ、山本七平氏などに絶賛された。

まず、この本の冒頭に驚かされる。日本の知識人の代表である『「甘え」の構造』の土居健郎氏、歴史家の樋口清之氏、そして日本文明論の第一人者である梅棹忠夫氏を一刀両断に切ってしまうのだ。

土居さんのいう「甘え」は日本独特のものではない。韓国のほうがより深く「甘え」は人々の精神構造に関与している。樋口さんのいう海藻を食べるのは日本だけではない。韓国も中国も同じである。梅棹さんのいう人の排泄物を有機肥料にするのは、日本だけではない。韓国も中国も有機肥料で生きてきた。

日本人による日本人論や日本文明論は、みな欧米との比較になっている。日本文明や日本人を考察するには、欧米との比較だけではだめだ。隣国の中国や韓国との比較が大切だ。

中国人や韓国人と比較して異なっている点があれば、それこそ日本人の真の特徴となる。

では、中国人や韓国人と異なる日本人の性向とは何か？

それは、日本人は何でも「縮め」てしまうことだ。それは中国や韓国と全く異なる性向である。

李御寧先生のこの本は、日本と日本人を批判するものではない。今まで誰も指摘しなかった日本人の「縮める」に光を当て、「日本人の縮める性向こそ、世界の人々の共感を得ていく」という日本人へのメッセージとなっている。

この名著を要約するのは心苦しいが、簡単に紹介する。

◇縮める日本人

李先生はいう。日本人は細工することと縮めることが、本当に好きだ。

ユーラシア大陸から入ってきた丸い団扇《うちわ》を、いつの間にか扇子《せんす》に縮めてしまった。そして、それを世界に逆輸出してしまった。大正年代、西洋から入ってきた長い傘を、小型の短い折り畳みの傘にした。それも世界に逆輸出してしまった。

世界最小のオートバイクも作ってしまい、室内のステレオを、歩きながら聞けるウォークマンに縮小してしまった。大きなコンピュータを作ったのはアメリカだった。しかし、日本人がそのコンピュータを個人の電卓に縮めてしまった。

大自然を庭の中に縮め込んだ日本庭園、大きな木を縮めた盆栽、四畳半の茶室、テーブルの食事を小さな箱に詰め込んだ幕の内弁当、さらに飯を縮めたおにぎり、詩を短く削って遂に17文字にしてしまった俳句など、挙げだしたらきりがない。

物を縮め、姿勢を縮める日本人こそ、中国人や韓国人とまったく異なる。

現在（本が出版された当時の1980年代）の日本人は、縮める姿勢を忘れ、経済大国へと膨張し続けている。膨張していく日本人は、物質的に満たされても、膨張は自分たちの性向と異なるので心は満たされない。日本人の物を縮める文化こそ、世界の人々の共感を得ていく。

以上が、李御寧先生の主張であった。

20年前、この本を読んだ記憶は今でも残っている。しかし、読み終わったとき「なぜ?」という強い疑問に包まれていた。

なぜ、縮めるのか?

なぜ、これほど日本人は物を縮めるのか?

その答えは『「縮み」志向の日本人』に記述されていない。ただし、本書の「あとがき」で李先生は興味深い記述をしている。

「水源が分からなくとも、現に川の水はわれわれの前を流れている」、「何故、そうなったかという原因を掘り下げる文化の因果批評よりは、それがわれわれの前にいかに現れているかという、現象そのものに対して深く考える視角が欲しい」と本文中の文章を引用し、再度「あとがき」で繰り返し記述している。

これは「なぜ、日本人は縮めるのか?」の原因を解明できなかった言い訳に聞こえる。もし、李先生が、日本人の縮み志向の原因や理由を解明していたら必ず記述していたはずだ。

李先生は「なぜ、日本人は縮めるのか?」の原因はわからなかった。原因はわからないが、日本人はともかく縮めることが好きだ。これこそ、世界中の人々と異なる日本人の特徴だ。

李先生の「自分はわからない」という率直な「あとがき」に感銘を受けた。感銘を受けると同時に、「なぜ、日本人はものを縮めるのが好きなのだ?」という謎が私の心に居座ってしまったのだ。

歩く人々

78km強歩大会で15時間以上歩くと、iPodでさえうっとうしいと感じる。このわかりやすい表現を聞いたとき、長距離を歩く辛さを感じることができた。

大昔から、朝から夜まで荷物を背負って歩き続ける人たちがいたら、その人たちは何を考えただろうか。いうまでもない。それは「いかに荷物を小さく、軽くするか」である。

余分なものを持たないことは当たり前だ。どうしても必要なものでさえ、1㎜でも小さく、1gでも軽くしたい、と考える。同じ移動するにしても、馬や牛に荷物を任せてしまう人々には、そのような考えは湧かない。自分の背で荷物を負い、自分の足で長時間歩き続ける人々のみが、このような思いにたどり着いていく。

荷物を肩に負い、自分の足で歩き続ける人々、それが日本人であった。

日本人が物を小さく縮めていくのは必然であった。

◇日本列島を歩く

3000年前、日本人は狭い沖積平野で稲作を開始した。その平野は肥沃ではあったが、排水が悪い湿地帯であった。人々はこの沖積平野にへばりついて米を作っていった。

図１　『東海道五十三次』《日本橋・朝之景》（歌川広重）

出典：国立国会図書館デジタル化資料より

山々に囲まれ、遠くを見通せない土地に生きていた日本人は、ことのほか情報好きで、旅行好きだった。理由をみつけては旅に出た。

日本人が旅をするときには、山々を越え、海峡を渡り、川を横断し、湿地帯を歩いていかなければならなかった。馬や牛を利用したくても、日本列島の地形がそれを許してくれなかった。日本人は荷物を自分で担ぎ、自分の足で歩かなければならなかった。

図1は、広重の『東海道五十三次』の一番目の絵である。朝早い日本橋を大名行列が進んでいく。今から何百キロも遠い国許へ帰るのだろう。先頭を

行く足軽たちは、荷物を担いでいる。殿様の小物や着替えや国許への土産や書類だろう。この大名行列の中には、荷物を運ぶ牛車や馬車はない。すべて物は足軽たちが担いでいた。彼らは毎日、毎日荷物を担いで歩き続けた。

図2は江戸の増上寺の通りを歩く人々の旅姿である。男性も女性も自分の物は自分で担いでいく。彼らは朝早く起き、日が暮れるまで、歩き続けた。

234ページの**図3**は『東海道五十三次』の「鳴海の宿」であるが、やはり女性も歩いて旅をしている。

日本人が自分で荷物を担いで歩いたのは、江戸時代に始まったわけではない。日本列島の人々は大昔から歩き続けていた。

この日本人に比べ、ユーラシア大陸の人々は大陸を車で疾走していた。モンゴル帝国の絵を見るとみな馬と牛車で大地を駆けている。モンゴル帝国の人々だけではない。ユーラシア大陸のローマ帝国、中国の秦帝国、イスラム帝国の人々は、荷物を馬車や牛車に乗せて大陸を疾走していた。

日本人だけが、荷物を自分で背負い歩き続けていたのだ。

図２　『名所江戸百景』《江戸百景余輿 芝神明増上寺》(歌川広重)

出典：国立国会図書館デジタル化資料より

図3　『東海道五十三次』《鳴海・名物有松絞》（歌川広重）

出典：国立国会図書館デジタル化資料より

◇縮める楽しみ

歩き続けて宿に着いた人々は、いかにしたら荷物を軽くできるかの情報を交換し、知恵を出し合った。人々はいかに軽くするかを競って工夫した。その工夫は、旅の前も、旅の最中も、旅が終わってからも続けられた。物を小さくし、縮めることが、自分自身を助ける唯一の方法だったからだ。

物を小さく縮める方法を見つけた者は、同宿した人々から絶賛を浴び、一夜の英雄となった。そして、その縮めた物はあっという間に日本中に広まっていった。

しかし、縮小を発見した者の名前は、英雄として歴史上には記録されることはなかった。なぜなら、その知恵は、荷物を担ぎ自分の足で歩く庶民全員のものだったからだ。

歩く日本人にとって、物を縮め、物を小さくし、物を軽くすることは、何事にも代えがたい価値であった。

細工して、細かくする。凝縮して小さく詰め込む。細工してないものは「不細工」と非難した。詰め込まないものは「詰まらない奴」と侮蔑した。

荷物を背負い歩き続ける日本人の「縮み」志向は、人々の精神に働きかけ人々の美意識にまでなっていった。

縮み志向の日本人の謎は解けた。

民族が共有している性向の理由は、それほど複雑ではない。単純なのだ。やはり、日本人の縮める謎の答えは、日本列島の地形と気象に潜んでいた。

◇未来を救う日本人

21世紀、地球規模で環境は激変し、エネルギー資源が枯渇していく。この未来世界において、エネルギーを最小にする持続可能な社会の構築は不可避である。

その持続可能な社会は、人々の倫理や道徳では決して達成されない。なぜなら、倫理や道徳が有効なのは、ある限られた共同体内だけだからだ。

今ある危機は地球規模である。この地球には無数の共同体がある。無数の共同体が関係する局面で倫理や道徳を持ち出すと、問題を複雑にして迷路に入りこんでしまう。

地球規模の環境問題や資源問題の解決には、倫理や道徳から最も遠い武器が必要となるのだ。

倫理や道徳に最も遠い武器とは「技術」である。

日本人は「かわいい」といっては、小さなものを愛した。かわいいものを作るため、細工して詰め込み、縮める技術を生んできた。この縮める技術こそが、エネルギーを最小にする持続可能な社会を可能にする。

21世紀の人類の航海の羅針盤は、小さきものを愛する日本文明となる。そして日本人の航海の羅針盤は、日本文明を創ってきた自分たち自身に確かな視線を向けることなのだ。

第13章

日本の将棋はなぜ「持駒」を使えるようになったか

地形が生んだ不思議なゲーム

世界中のチェス系のゲームで、日本の将棋ほど不思議なゲームはない。なにしろ取った敵の駒が、自らの駒として使えるようになるからだ。

この日本将棋の不思議さを巡って、将棋界を中心に論争が繰り広げられていた。傍観者だった私も、その論争に入っていくこととなった。気になったことがあったからだ。それは「なぜ、将棋の駒が平型になったか」であった。

日本将棋の最大の特徴は「敵の駒が持駒になると、今度は味方の駒として使える」ことだ。このルールができたのは「駒が平型になったから」である。この点は誰も異論がない。

駒が平型になったので、漢字で駒の役割を表現することとなった。尖った形にして前進方向を示すことができた。そして、駒の裏に漢字を書き、同じ駒なのに異なった働きをさせることができた。そして遂には、取った敵の駒を使用できるようにしてしまった。

将棋界の論争では「なぜ平型になったか」はパスしている。将棋の素人の私は、この一点に絞っている。「なぜ、日本将棋は平型になったか」だ。

その答えは、やはり「日本の地形」にたどり着く。

日曜日の夜、居間で横になってテレビを見ていた私は飛び起きてしまった。一瞬、ほんの一瞬だったが、ある場面がテレビに出てきたのだ。テレビに顔をつけるようにして見ていたがその場面はもう出てこなかった。

坂の上の雲

２００９年12月12日の日曜日の夜、ＮＨＫのスペシャルドラマ司馬遼太郎原作の『坂の上の雲』の第一部の第3回目の「国家鳴動」であった。

場面は、清国の艦船の上である。

緊張感が走る日清戦争開戦の3年前の１８９１（明治24）年、清国の丁提督率いる北洋艦隊が日本の港を巡回した。7月14日、横浜港に入港した丁提督は旗艦「定遠」に日本の大臣や陸海軍将校や新聞記者５００名を招待した。次ページの**写真1**が「定遠」である。

ここまでは歴史的事実だが、それ以降の場面はフィクションとなっていく。

丁提督に招かれた客の中には、日露戦争の連合艦隊司令長官となる東郷平八郎や

写真１　清国の艦船「定遠」

写真提供：毎日新聞社

作戦担当参謀となった秋山真之がいた。

東郷平八郎は一人パーティーを抜け出し旗艦「定遠」の甲板から艦内に降りていく。東郷が艦内に降りていくのを見た秋山もその後を追うように艦内に降りていく。

東郷と秋山が艦内へ降りると、清国の兵隊たちがだらしなく横になったり、ラーメンを食べたり、将棋をしている。東郷と秋山が艦内の様子を眺めていると、丁提督が現れ二人を誰何《すいか》する場面となる。

横になっていた私が飛び起きたのは、清国の兵隊たちが将棋をしている場面であった。

もちろん日本将棋ではない。中国の象棋《シャンチー》である。

賭博将棋

戦争を模した盤上ゲームはヨーロッパのチェス、インドのチャトランガ、タイのマックルック、中国の象棋、日本の将棋など世界中に数多く存在する。

この起源の説は様々あるが近年の定説では、紀元前にインドで誕生して世界中に広まったとされている。

初期のゲームは相手の駒を取って、そのポイントを競ったものといわれている。もちろん、このゲームは賭博であり、世界中の賭博好きの人々の間に広まっていった。

伝播方法は陸上伝播説と海上伝播説がある。盤と駒の立像のカサを考えると、馬やラクダの背中に乗せて運んだ陸上伝播説より、船旅の時間つぶしの賭博で海上伝播したというのがわかりやすい。その意味で、清国の旗艦「定遠」の艦内で、兵隊たちが時間つぶしに象棋をしていたのは理に合っていた。

翌日、本屋に行って文春文庫『坂の上の雲(1)』を改めて購入した。30年前にこの本は読んでいたが描写の細部まで覚えていなかった。司馬遼太郎は清国の艦船内部をこのように細かく表現していたのか、という興味であった。しかし、司馬遼太郎氏の原本では、丁提督が関係者を招いたことは記述されていたが、艦船内部の記述はなかった。

テレビドラマの『坂の上の雲』の脚本家たちは、艦内でだらしなく象棋賭博をしている場面によって、清国兵隊たちの士気の低さを表現したかったのだろう。

久しぶりに出来の良い脚本だと感心した。このテレビの脚本に後押しされて、私は頭の中で長い間漂っていた「日本将棋の駒の誕生」のためにパソコンに向かった。

◇不思議な日本将棋

現在、世界中におおよそ100種類ほどある盤上戦争ゲームは、99対1に区分される。99は世界共通の「チェス型」である。孤立している1は日本の「日本将棋」である。

日本将棋だけが世界共通のチェス型と異なるルールで21世紀に至っている。日本将棋だけの特異なルールとは、「敵の駒を取るとその駒を自軍の駒として使用できる」持駒使用である。このルールは世界の他のゲームにはない。日本将棋だけのルールである。

日本将棋のこのルールの理由は「日本人は降伏すると、すぐ敵陣に寝返るから」と酒席で面白おかしく語られる。しかし、世界の戦いの歴史をみれば、降伏すれば敵陣に編入されたり、敵が味方になったり、味方が敵になるのは日常茶飯事であった。決して日本独自の現象ではない。

日本将棋だけの「持駒使用」の謎は、21世紀まで放置されてきた。

その「持駒使用」の謎に挑戦したのが、木村義徳《よしのり》九段であった。

1996年から『将棋世界』に連載された「二千年の将棋史」に加筆訂正を加えて、2001年『持駒使用の謎』が日本将棋連盟から出版された。

この本と出会い私は日本将棋の歴史を学び、日本将棋の謎の解明に至った。

◇── チェスの伝播と日本将棋の誕生

木村義徳九段は故・木村義雄十四世名人の3男で早稲田大学在学中に学生名人とアマ名人、2000年には九段となり、関西将棋博物館の館長も務めておられた。木村氏はプロの棋士であり文才豊かな教養人でもある。その木村氏は歴史的事実と各国の将棋ゲームの駒の働きの強弱の類似に注目して、世界のチェス系と日本将棋の歴史を解明している。駒の働きの強弱に注目したところは、人には真似できないプロ棋士ならではの視点であった。

木村九段の著書『持駒使用の謎』の記述はほぼ時系列になっているが、駒の働きの解説部分が多くあり、『将棋の駒はなぜ40枚か』（集英社文庫、2000年）の著者・増川宏一氏との論争部分が入ってくるので、将棋の専門家以外の人は理解しにくいところがある。

そのため、木村九段が主張する世界チェス系の伝播と日本将棋の誕生の時期を248〜249ページの**図1**に表した。これを参照しつつ木村九段の説を解説する。

木村九段の説「伝播と進化」

紀元前3世紀頃、インドで盤上の戦争ゲーム・チャトランガが誕生した。その盤上ゲームは「立像」で敵味方を「色分け」していた。

インドから東南アジアそして中国と日本へ伝わった。西に向かってアラブからヨーロッパへと伝わった。日本に到着したのは6世紀頃で、この最初の世界への伝播を「第1波」と呼ぶ。

その後、タイのマックルックで一つの改良がなされた。「歩《ふ》の成り」である。立像では裏返す「成り」はできない。そのため歩の駒だけを平らの駒にしたのだ。このタイでの改良が中国、日本に伝播され、これを「タイの波」と呼ぶ。

251ページの**写真2**は現在のタイのマックルックである。全体の駒は立像だが、歩だけが平らな駒になっているのがわかる。

第1波とタイの波を受けて極東の海に浮かぶ日本で、独自の将棋の進化が開始されていった。

出典：木村義徳九段『持駒使用の謎』（日本将棋連盟）をもとに竹村・大崎作成

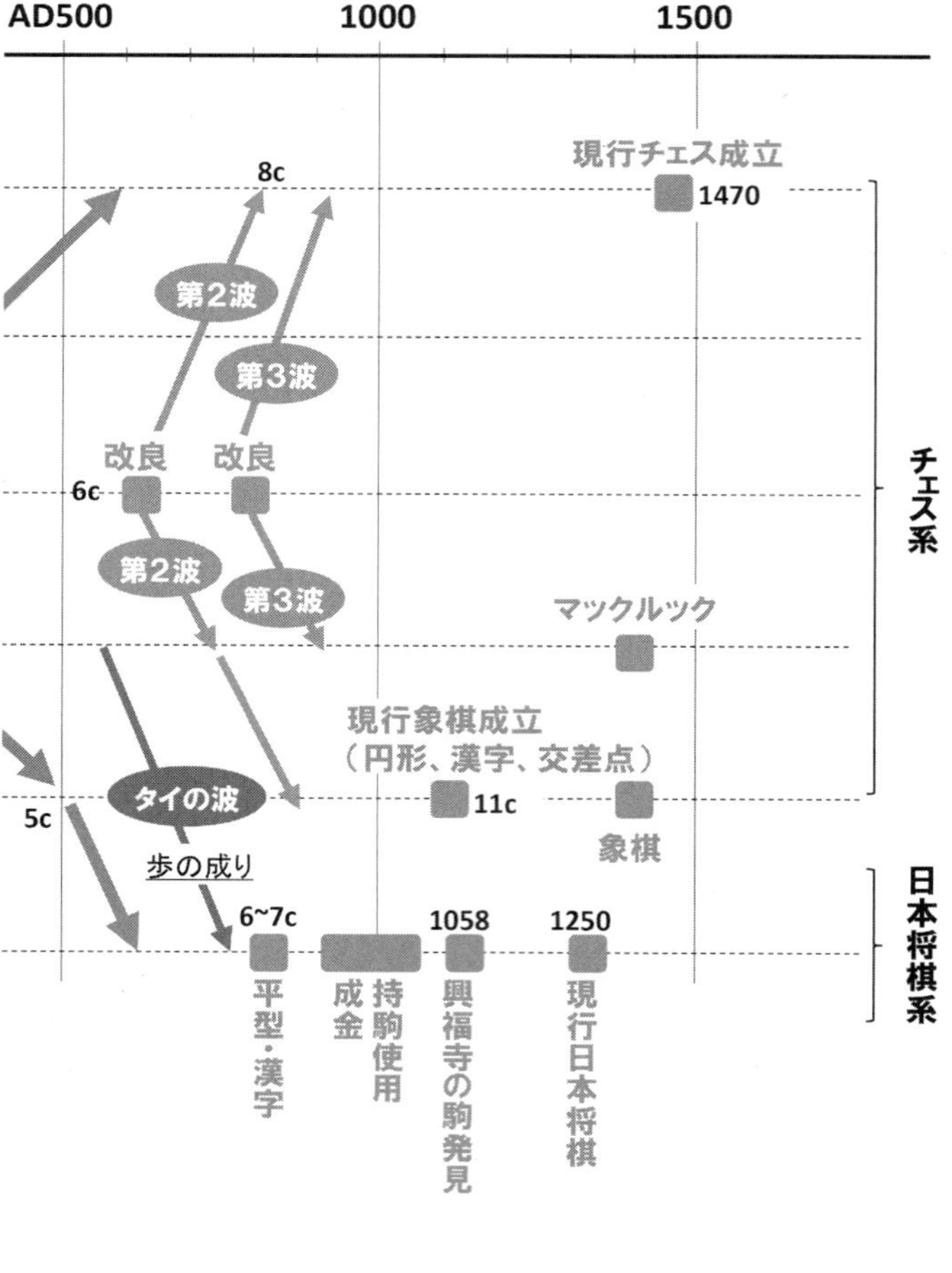

図1　世界チェスと将棋の歴史

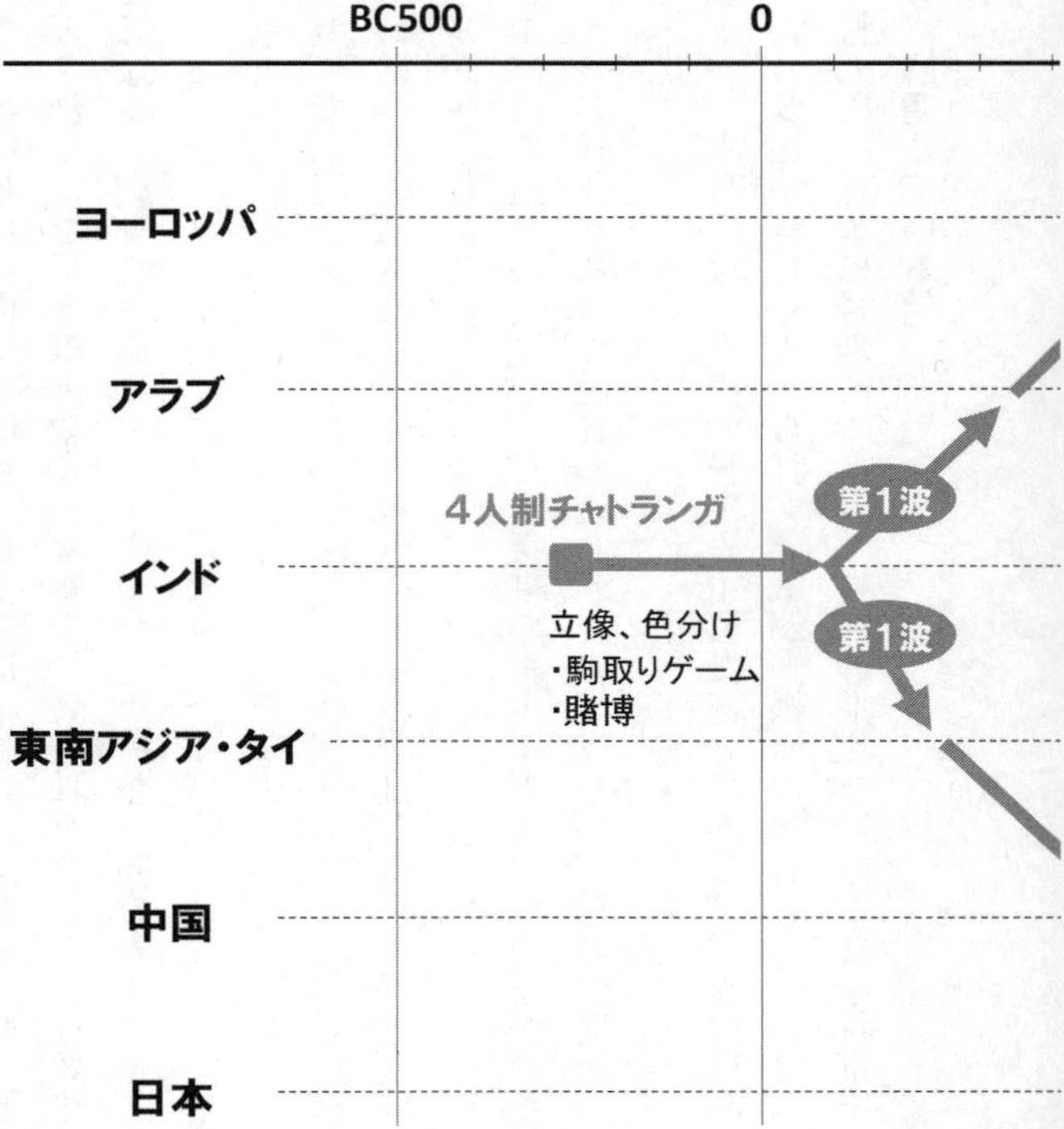

第1波　：①立像、色分かれ
タイの波　：①歩だけ偏平木片
②歩の成り

第2波　：駒の強化
日本将棋　：①すべて平型
②多種駒成り
③持駒使用

日本に到達した将棋は、早くも6～7世紀頃「立像から平型」となった。立像の形で表されていた王や軍馬や歩兵は漢字で表された。さらに、敵味方の区別は色区分ではなく、駒を五角形にして、尖った先が進む方向を表すこととなった。**写真3**がチェスの立像であり、**写真4**が日本将棋の駒で、五角形の木片に漢字で書かれている。

「平型」で「漢字」で書かれ、敵味方は色の区分ではなく「五角形の方向」で表す日本将棋へと改良された。この将棋の道具の改良から日本将棋独特の「持駒使用」ルールが生まれることとなった。

日本将棋の道具の改良が、日本将棋のルールの進化につながった。ルールの進化があって道具が変わったのではない。道具が変わったからルールが変わった。

以上が、木村九段の歴史的推理の主要な部分である。本書には将棋ルールやゲーム形式の変遷が詳しく述べられているが、紙面の制約もあり省略した。

木村九段の推理は合理的である。独特の進化を遂げた日本将棋をわかりやすく整理し、解明している。

ところが、私が一番気になっている謎が曖昧になっている。

その謎とは「なぜ、立像が平型になったか？」である。

写真２　タイ将棋・マックルック

写真３　チェスの駒

写真４　将棋の駒

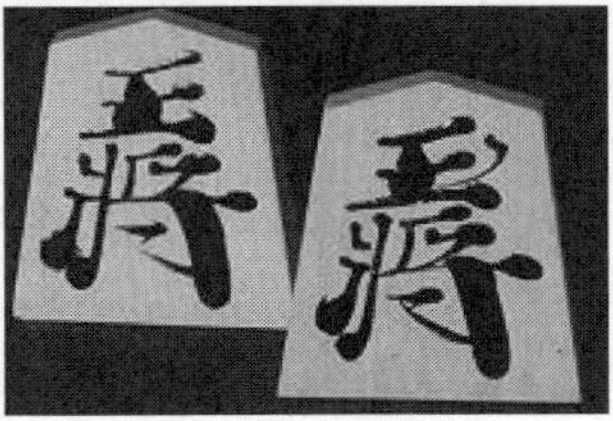

日本将棋の進化はすべて「立像」から「平型」になったことから開始された。そのため「なぜ、立像が平型になったか？」は十分解明されなければならない。

木村九段もこの謎には言及している。しかし、それは「日本は辺境の後進国であったためまだ木簡を多用しており、これは平型のために絶好の素材であったであろう」としか述べていない。他の部分は縦横無尽の論理を展開しているのに、この部分の結語に至った根拠の具体的な説明はなく、短い言葉の断定で終わっている。

なぜ、平型になったのか？

「ルールの進化があって道具が変わったのではない。道具が変わったからルールが変わった」という木村九段の指摘は実に鋭い。文化と呼ばれているものの本質を突いている言葉である。

なぜ、立像が平型に変わったのか？　その問いへの答えは、将棋の世界にはない。将棋という狭い世界ではなく、日本人そのものに答えがある。その答えは、日本人のもの作りへの本性に根ざしているからだ。

日本人のもの作りの本性とは「縮める」ことにある。

30年前、韓国の李御寧氏は名著『「縮み」志向の日本人』で日本人は何でも縮めると指摘した。日本人は、団扇を扇子に縮め、自然を庭園に縮め、こうもり傘を折りたたみ傘に、ステレオをウォークマンに、ラーメンをカップラーメンに縮めた。しかし、李御寧氏は「なぜ、日本人はものを縮めるのか?」の理由はついに述べることはなかった。

李御寧氏の指摘から20年後に、私が日本人がものを縮める謎を解いたことは、前章で述べた。そのきっかけになったのが広重の『東海道五十三次』の「日本橋」であった。231ページの**図1**がその広重の「日本橋」である。

◇歩いて担ぐ日本人

広重は「日本橋」で朝早く故郷へ向かう大名行列を描いている。行列の先頭の足軽は、重い荷物を担ぎ、下を向いて黙々と歩いていく。もちろん江戸以前の大昔から、日本列島の人々は荷物を担ぎ歩いていた。

細長い日本列島の中央には険しい脊梁山脈が走っている。その山々から無数の河川が太平洋と日本海に流れ下っている。平野といえば縄文時代には海だった所に、川の土砂が堆積した湿地帯の沖積平野であった。

険しい地形と湿地帯のため、日本人は車を進化させなかった。日本人の旅はいつも歩きであった。船旅もあったが、それは金持ちの例外的な旅であった。

日本人の誰もが荷物を担ぎ、歩いていた。その歩き回る日本人の価値観は「物を小さく軽くする」ことであった。物を小さく軽くすることは、それを担ぐ自分自身を救うことであった。

物を細工して小さく詰め込む。旅用具はすべて細工され小さく詰め込まれた。**写真5**は江戸時代の旅の携帯袋である。旅の必需品のハサミ、刺《とげ》ぬき、針、筆などが小さく袋に収納されている。

日本人たちは、細工されないものを「不細工」と馬鹿にし、詰め込まないものを「詰まらない」と侮った。縮めて詰め込むことは日本人の美意識までに昇華してしまった。

旅の道具にゲームもあった。旅の宿での長夜の時間つぶしに、ゲームは絶対に必

写真5　江戸時代の旅の携帯袋

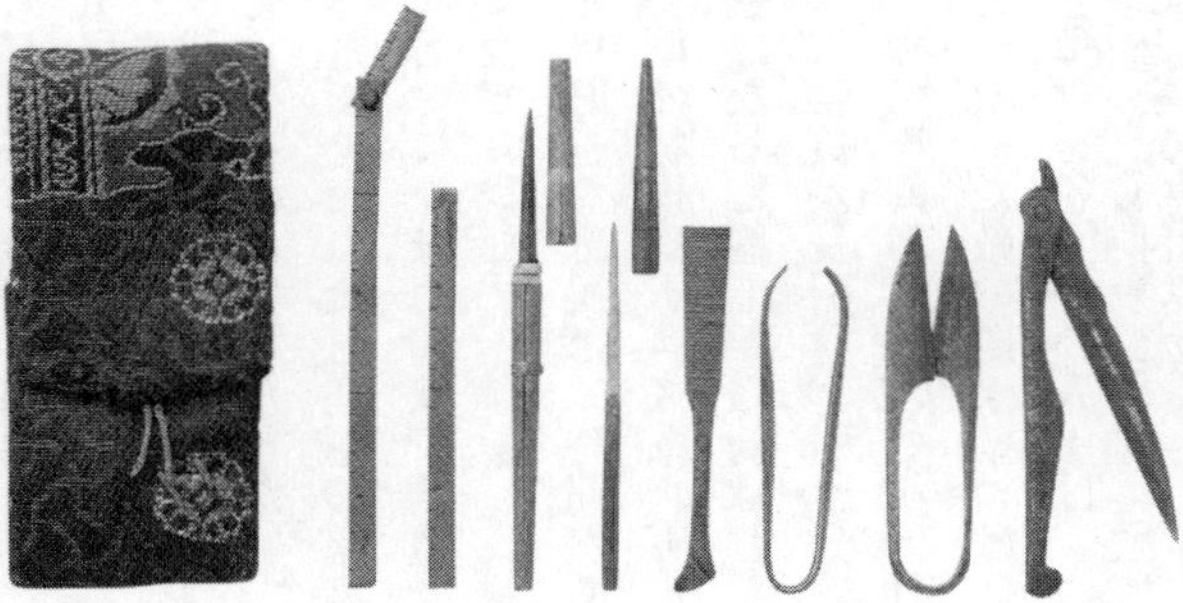

所蔵：品川区立品川歴史館
出典：『東海道—江戸の旅 近代の旅—』（公益財団法人東日本鉄道文化財団）

要であった。

6世紀頃、東南アジアや中国から盤上の戦争ゲームが伝わってきた。それは頭脳を使う賭博で、人々の興奮をかき立てた。ただし、そのゲームはある難点を持っていた。ゲームの駒が立像でかさばっていたのだ。

この立像を歩いて持ち運びやすくするため、小さく軽く縮める日本人得意の工夫が始まった。

◇庶民たちの日本将棋の物語

タイから伝わってきたマックルックの「歩」の平たい駒がヒントとなった。つまり、すべての立像を平らな駒にしてしまう。

さらに、王、戦車、軍馬、歩などの駒の役割を漢字で書いてしまう。これで将棋は一気に小さく軽くなった。

ここまで来ると、駒を五角形にして、駒の向きで敵味方の区別をするアイディアに行きつくのは簡単だった。

木片で作られた五角形の平型の駒は、限りなく小さく軽くなった。木片どころか紙で作ってしまう者まで現れた。将棋は旅をする庶民たちの必携品となり日本中に広まっていった。

賭け好きな庶民は、時間があれば盤を広げ、薄い駒を取り出した。

初期の将棋はチェス系ルールで、敵の駒を取っていくだけであった。そのため、終盤になると盤上から駒はどんどん消えていく。駒が少なくなれば、強い駒の王が働き、勝負が長引き、引き分けになることが多かった。

賭博で勝負が長引いたり、引き分けになるのは許せない。ふと、自分の手元を見ると、取った敵の駒がいっぱいある。敵の駒といっても自分の駒と同じ形である。勝ち負けを急ぐ旅の人々は、この取った敵の駒をもう一度使うという、とんでもないことを思い付いた。

持駒使用の誕生の瞬間であった。

必然の日本将棋

敵だった持駒をもう一度使ってみると実に面白かった。

なにしろいつでも持駒が飛び出すので、終盤まで盤上は駒でにぎやかであった。持駒を繰り出すことで、無数の攻撃法が編み出された。引き分けはなくなり、短時間で必ず勝負がついた。それも土壇場で形勢が逆転することが多かった。

世界中のチェス系は、駒が少なくなった終盤は静かに終了していく。それに対して、日本将棋は終盤が最も刺激的で、華やかで、興奮が最高潮に達するゲームに変身してしまった。

木村九段の指摘によれば、その後、世界のチェス系では駒の働きを強くした第2波、第3波の改良が行われた。しかし、日本将棋は全くそれらを受けつけなかった。なぜなら、チェスの駒の働きがどれほど改良されようとも、日本将棋の持駒使用の刺激と興奮には程遠かった。

日本将棋は世界のチェス系と全く異なる世界を創り上げてしまったのだ。

古代から歩き続けていた日本人は、物を小さく軽くする本性を身につけていた。その日本人は将棋も小さく軽くすることに夢中になった。小さく軽い平らな駒になった将棋は、敵の駒を使用するという複雑で刺激的なゲームへ進化した。

日本で日本将棋が生まれたのは偶然ではない。日本列島を歩きまわっていた庶民たちが、日本将棋を生み出すのは必然であった。


プロ棋士の木村九段は、駒の働きと平型になってから進化した日本将棋を解明した。

私は、軽くて薄い平らな駒を誕生させた謎を、日本の地形から指摘した。将棋とかけ離れた異分野からの、日本将棋の謎への挑戦であった。

第14章

なぜ日本の国旗は「太陽」の図柄になったか

気象が決める気性

なぜ、日本の国旗が「太陽」になったのか？

このような疑問を持ってしまったのは50代の後半であった。日本の国旗が太陽であることは、日本語を話すと同様に自明であり、議論する余地などなかった。

その太陽を意識したのは、世界の多くの国が「星」と「月」の図柄の国旗であることに気がついたときからだ。

調べると、世界中の国旗で太陽派は圧倒的に少数派である。世界の人々は「太陽」より夜の「星」や「月」に親しみを感じている。この事実を最初は信じられなかった。

日本人にとって、太陽は「おてんとう様」で生命の源である。古代の神話も「天照（アマテラス）大御神」からだ。日本人の太陽への尊敬と親しみの気持ちは紛れもない。なぜ、他の国々の人は太陽ではないのか？

あるとき、月と星の国旗を持つ外国の友人に問いかけてみた。よその国の国旗に関して失礼なことは言わない。それが国際的な礼儀である。あえて率直に言ってくれとの私の願いに、彼から出た言葉は本当に意外であった。

やはり国旗のありようは、その国の地理に密接に関係していた。

初めてフィリピンへ行った。12月だというのにマニラは30度の気温であった。マニラ市内ではシャツ姿で歩き、ビルに入るときにはジャケットを必ず着る。というのもビルの冷房はやたら効いている。冷房を効かせるのがステータスだという。シャツのまま1時間もビルの中に居ると寒気を感じ、ついには風邪をひいてしまう。

このフィリピンに滞在して気がついたことがあった。フィリピンの国旗は「太陽」と「星」で構成されていた（次ページの**図1**）。

太陽と星の両方がある不思議な国旗で、太陽と星の両方をシンボルとしている。

国の旗

日本の国旗は日章旗と呼ばれ、太陽だけのシンプルなデザインである。日本人はこの「太陽」の図柄に慣れていて違和感などない。

しかし、世界の中で見ると、昼の「太陽」の図柄は少数派である。圧倒的に多いのが夜の「月と星」の図柄である。

数字で確認するために、外務省ホームページで万国旗を検索した。191カ国の鮮やかな色とりどりの国旗が次々と画面に現れてきた。この191カ国のうち、月と星の国旗は53カ国で28%も占めていた。それに対し太陽の国旗は13カ国で7%にすぎない。なお、太陽と星の両方を使っていたのはフィリピン一国だけであった。

図1　フィリピンの国旗

世界の国旗の大勢は「月と星」であった。

月と星をデザインに取り入れているのは、南アジア、中近東、アフリカ、南アメリカ、太平洋諸島に多い。日本人になじみのある国ではシンガポール、マレーシア、シリア、トルコ、パキスタン、アルジェリア、カメルーン、ガーナ、セネガル、ベネズエラ、ブラジル、マーシャル諸島などだ。

なぜ、国のシンボルが明るい太陽でなく、暗い夜の月や星なのだろう？

太陽を国旗とする日本人は、夜のシンボルの月と星の国旗になんとなく違和感を抱いてしまう。

国旗はその国のもっとも大切な象徴である。人々の国へのアイデンティティーの視覚的な象徴である。この国旗の図柄がそれぞれの国にとって重要でないわけがない。

国旗にはその国が存続してきた大切な意味が隠されているはずだ。

◇熱帯で生きる原則

月と星の国旗を見ていて気がつくことがある。それは、その国々が熱帯か亜熱帯に位置していることである。

熱帯とは北緯23度26分の北回帰線と、南緯23度26分の南回帰線にはさまれる赤道周辺の地帯をさし、亜熱帯は熱帯と温帯の中間で緯度30度あたりまでをいう。

熱帯では夏の太陽は天頂、つまり頭の真上にある。太陽との距離が近づき夏は灼熱の季節となる。

1984年の1年間、私は米国ルイジアナ州ニューオリンズで生活した。北緯は30度で日本の屋久島と同じだ。

しかし、同じ北緯30度でも屋久島はモンスーン地帯に位置している。モンスーン地帯は季節風とヒマラヤ山脈の影響で独特な気候となる。西高東低の気圧の中を低気圧が次々と通りすぎていく。夏季には太陽が雨雲から出たり入ったりを繰り返す。

これに対してニューオリンズはちがう。太陽は雨雲の中を出たり隠れたりせず、半年以上照り続ける。ニューオリンズの太陽は頭の上から人々をチリチリと焼いていく。この太陽の厳しさをいやっというほど味わった。

気温だけを見れば日本の夏も30度を超えニューオリンズ並みだ。しかし、日本の暑さは空気全体が蒸し暑い。日本では「今日は暑いですね」という挨拶が口から出る。暑いのは空気で、この空気は身体にまとわりついていて自分と一緒に動いている。自分にへばりついている暑さを話題にしてもどうということはない。

しかし、ニューオリンズでは「今日は暑いネ」という挨拶が口から出ない。天気そのものを話題にしたくない。なぜなら、暑さの元凶は太陽であり、この太陽は人々にとって圧倒的で強烈な敵である。話題にすればその敵を改めて意識してしまう。勝てない敵を改めて意識するのは耐えられない。

ニューオリンズの人々の挨拶は、「Big Easy!」つまり「ゆっくりやれよ！」である。「こんな暑いんだ。急ぐなよ、あせることはない、ゆっくりやれよ！」という意味である。

赤道直下のインドネシアを訪ねたことがある。わずか10日間だったがすぐ気がついたことは、インドネシアでの生活のこつはゆっくり歩くことであった。車中からインドネシアの人々の歩き方を観察すればわかる。彼らはゆっくり歩いている。それは車から降りて灼熱の道を歩けばわかる。最初は日本にいるようにすたすた歩く。しかし、歩き出して15分もすれば、いつのまにかインドネシアの人々と同じゆったりとした歩き方になっている。

太陽が頭上直近に迫っている熱帯での大原則、それは「急がないこと」なのだ。

苦役の労働

ルイジアナの人々の動作を見て、最初はのんびりしているなと感じた。しかし、彼らと一緒に仕事をしだすと、彼らは怠けているのではないかと思い始めてしまう。どうも我々日本人のてきぱきした動作と彼らの緩慢な動作は波長が合わない。

ところが太陽が沈み闇が広がってくると、彼らの動きは軽やかになる。町全体も活気がみなぎってくる。その鮮やかな変身の舞台がフレンチクオーターのバーボンストリートとなる。

灼熱の太陽が出ている昼間、バーボンストリートを行く人々はまばらで歩き方もけだるい。昼のバーボンストリートは死んでいる。しかし、夜に生き返る。あちらこちらでジャズが演奏され、深夜まで人々で溢れる。ジャズ演奏に合わせリズミカルに歩く人々、太陽の下では死んでいる人々が、夜になると生気を取り戻す。

北緯30度の米国南部の太陽でさえこのように熱いのだから、熱帯の太陽はさらに厳しく熱い。人も動物もこの太陽の厳しさには勝てない。

熱帯の太陽の下での激しい動作や長時間労働は極めて危険で、倒れたりすれば死に至る。昼間の労働は健康を損なう行為なのだ。昼間は注意深く必要最小限の動作だけをしなければならない。

太陽が隠れ、月と星の世界になってはじめて活動を開始すればよい。月の砂漠をはるばると進んでいくラクダのキャラバン隊がそれだ。

そういえば、熱帯の伝統文化は夜の闇を背景にしたものが多い。ニューオリンズのジャズ、インドネシアの影絵、舞踏劇ケチャ、アラブの千夜一夜物語などみな夜の中で生まれてきた。

昼は死んだように静まり返り、夜になると生気が溢れてくる。「太陽は苦しみと死の象徴」で「月と星は安らぎと生気の象徴」なのだ。

熱帯の国々の国旗に「月や星」が多いのはこの理由からだ。

月や星を国旗とする熱帯の人々にとって、日本人の「おてんとう様」を拝む行為など信じられないことだ。

日本の国旗をどう思うかとエジプトの友人に質問したことがある。

良識的なその友人は、他国の国旗をけなしたりしない。そこを承知であえて率直な感想を頼んだ。彼はしぶしぶ答えてくれた。「自分にとって日章旗は熱過ぎる。息苦しく感じる」という返事であった。

熱帯の人々にとって日章旗は心地よい旗とは言えないようだ。

喜びの労働

日本は北緯45度から25度の温帯に位置した南北に縦長の列島である。この列島には3～4カ月間の長い冬がある。冬の太陽は低く輝く力も弱い。冬の間、人々は首を長くして春を待つ。

春がくれば雪解け水を利用し、田植えを始めなければならない。太陽がさんさんと輝く夏に稲を成長させ、秋の台風が襲ってくる前に収穫しなければならない。半年間という限られた中で一年分の食糧を蓄積する必要があった。食糧を蓄積しなければ飢餓が待ち受けている。日本人は勤勉にならざるを得なかった。

勤勉な労働は、食糧という報酬だけではなく、日に焼けた健康という報酬も与えてくれた。

昼の太陽の下で働き、夜の闇の中で眠って疲れを癒す。

日本人はいつも太陽の下で活動し続けた。労働だけではなく絵画、演劇、お茶、お花、相撲、柔道、剣道など日本伝統文化はすべて太陽の下で生まれ育っていった。

太陽の下で働くことは、生きている証、健康の証となり、生きる喜びであった。日本人は一年の節目ごとに日の出に向かって手を合わせる。今、生きていることに感謝した。

このように熱帯の人々と温帯の人々は、昼間の労働に関して正反対の思いを持つにいたった。

熱帯での労働は「危険で苦役」、温帯での労働は「健康で喜び」となった。

◇太陽との距離感

温帯の「労働は喜び」は、富の蓄積競争での優勢を決定づけた。

「苦役の労働」と「喜びの労働」を比べれば、喜びの労働が勝るに決まっている。

どの分野でも楽しむ人がいつも勝つ。楽しむ人が忍耐と持続性を保っていく。

近代産業革命以来、勤勉な労働を喜びとした温帯の人々が世界を席巻したのは当然であった。いち早く近代産業国家を形成した英国（北緯50〜60度）、フランス（北緯43度〜50度）、ドイツ（47〜55度）、米国の北部（38〜50度）、イタリア（37〜45度）、日本（35度前後）が、みな温帯に位置していたのは偶然ではない。これらの国々において勤勉は生きるための必要条件であり、つねに善であった。

この先進国の近代産業化の成功の原因が、人種的に優秀だったとか、勤勉に関して道徳的であったということではない。それは単に、物理的に太陽との距離が遠かっただけである。

地球上の生物にとって太陽との距離感は絶対的な条件である。この物理的環境に順応した生き方によって生じた差である。人間的良し悪しや、人間的優劣が介入する余地はない。否が応でも、そこに住む人々はその土地の気象に支配されている。その気象の中で生きるためのルールを編み出していく。それがその土地における社会倫理となっていく。

人々は生まれ育ったその土地の気象からは決して逃れられない。

気象によって人々の人格が形成されている極端な例が日本にはある。
それは、日本人の「無原則性」である。

◇日本のめまぐるしい気象

次ページの**図2**は日本とレバノンの気温変化図である。2001年の夏の日の平均気温を示した。実線が日本、点線がレバノンである。レバノンの夏は23～29度の約6度の幅で推移している。それに対して日本は17～32度の15度の幅で推移している。

レバノンの3カ月間の気温変化は、日本ではたった2～3日で現れる。レバノンから見ると、日本はくるくる気温が変化するとてつもなく忙しい国だ。

次ページの**図3**は日本とパリの月別平均降雨量の比較図である。中近東は降雨がほとんどなく比較しようがない。そのためヨーロッパの中心地パリの降雨との比較を示した。

パリは日本と比較してほとんど降雨の変化がない。しかし日本の降雨は一年中変

図2　日本とレバノンの日平均気温(2001年6月～8月)

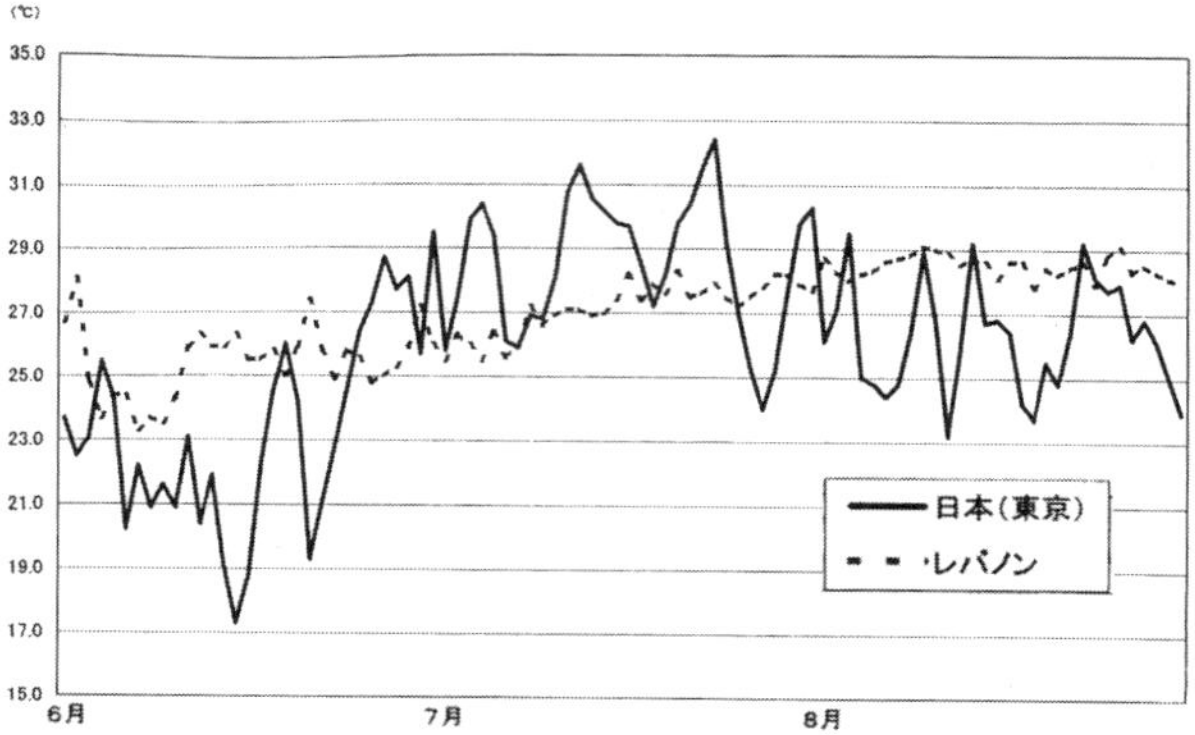

図3　東京とパリの月別平均降雨量(1997年～2001年)

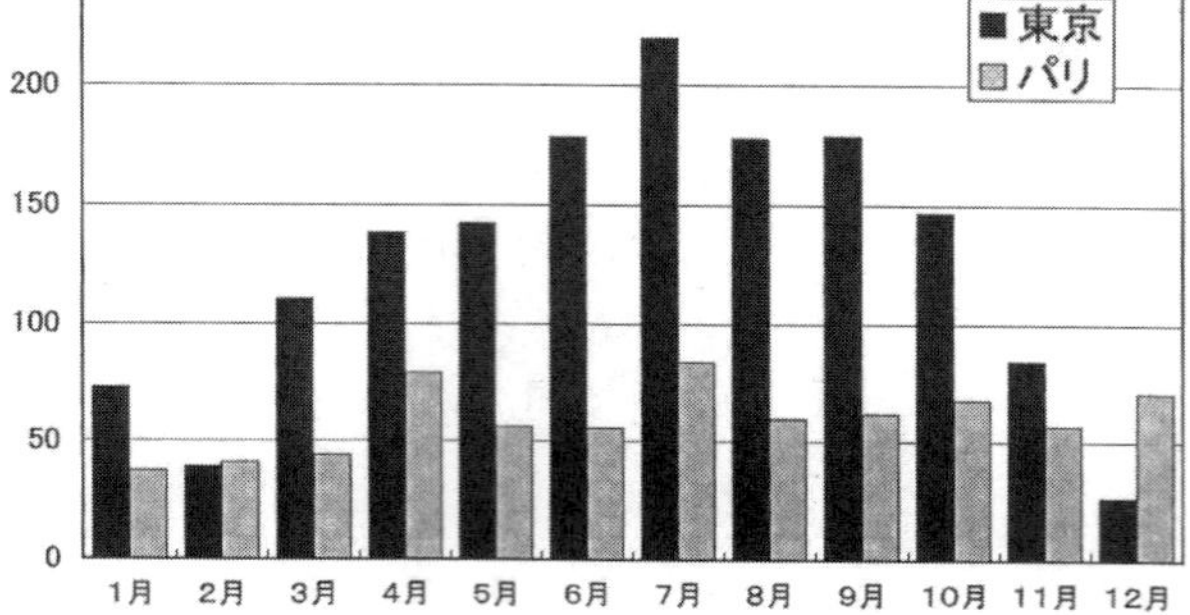

出典:『世界の日別統計値表』(気象庁)をもとに河川局河川計画課作成

写真１

中日新聞 平成12年９月７日㈭

岩屋ダムも節水 きょうから

東海 カラカラ止まらない

東海地方の水源状況

岐阜新聞 平成12年９月12日㈫

東海37万人に避難勧告

豪雨禍、４人死亡２人不明

浸水２万7000戸

名古屋で堤防決壊

上矢作町で住民孤立

東濃、土砂崩れ相次ぐ

県内１人不明

化し続けている。一カ月前と現在そして一カ月後ではまるで違う。月平均でこのように変化が激しい降雨は、一週間単位ではさらに激しい変化を示す。

写真１は２０００年９月の中部地方の新聞記事である。

この年の９月11日から12日にかけ、東海地方は記録的な集中豪雨に見舞われた。たった一晩の豪雨が東海地方の人々の資産６０００億円を奪ってしまった。

実はその集中豪雨が襲ってくる寸前まで、東海地方は深刻な渇水状態にあった。その渇水と豪雨を報道する記事であるが、その両者の日付の差はたった５日でしかない。

日本の気温、降雨は激しく変化し続ける。日本の気象の変化は止まることがない。この変化し続ける気象の中で日本人は生きてきた。この激しい気象変動に懸命についていかないと、この列島で生きてはいけない。

不条理な日本列島

日本は世界の大地震の20%を受け持ち、活火山の10%を受け持っている。276~277ページの**図4**は理科年表による過去400年間の大地震・津波による死者数である。あまりにも地震数が多いため、死者数1000人以上の大地震だけを図に表した。

日本は1世紀の間に5~10回、1000人以上の死者の地震に襲われている。10~20年おきに、どこかで多数の日本人が突然の死に見舞われている。

何の前触れもなく、何の理由もなく、何の説明もなく、膨大な数の犠牲者をもたらす地震。日本人はこの不条理な死を何千年も受け入れ続けてきた。

未来においても、防災の備えをいくらしても、被害を防ぎきれるとは誰も思っていない。それほどこの日本列島の自然の暴力は巨大で、人間の力は無力である。

日本人はこの自然を受け入れざるを得なかった。日本列島の激変する気象と不条理な地震を受け入れざるを得なかった。あくまで主役は自然であり、人はその自然に歩調を合わせるほかなかった。

自然の圧倒的な支配下で生きてきた日本人、この日本人が理念的な原則を持ってもそれはすぐ自然の力に嘲笑されてしまう。理念的な原理原則は、人間の脳の働きである。人間の脳の中で考えた原則など、自然が少し機嫌を損ねれば吹き飛んでしまう。自然のご機嫌がくるくる変わる日本列島で生きるには、自然に馬を合わせてくるくると動かなければならなかった。

「日本人は原則を持たない。日本人の唯一の原則は『無原則』」となった。

多くの識者が日本人の無原則性を指弾する。その通りだから誰も反論できない。

しかし見方を変えれば、気ままで巨大な自然の支配下でしぶとく生きてきた日本人の強靭さの秘密は、この融通無碍《ゆうずうむげ》な無原則性に潜んでいた。

日本人にとって「無原則性」は、生きていくうえで不可欠な素養となった。

出典:『理科年表』(2001年)をもとに作成

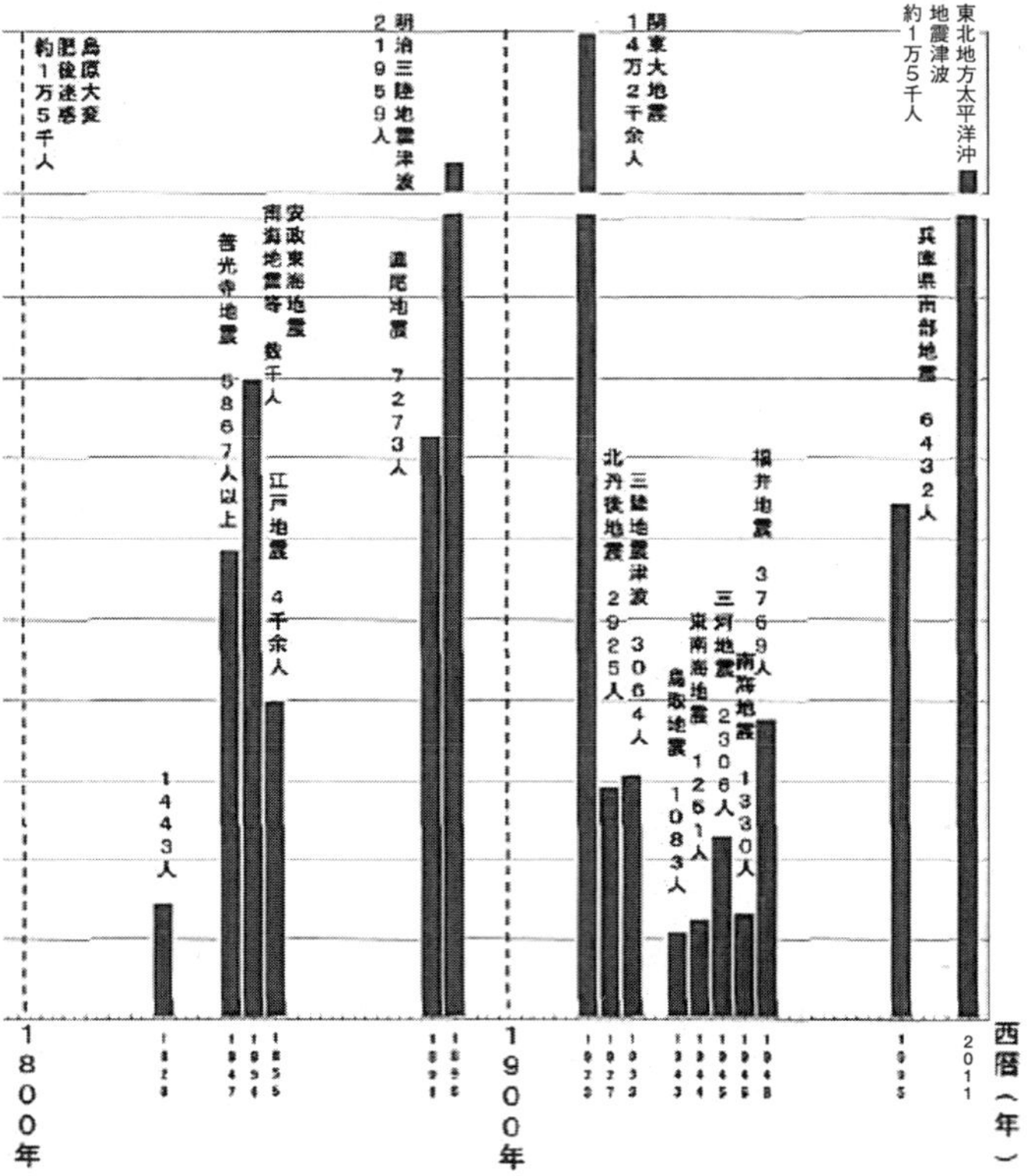

図4　死者数1000人以上の主な地震・津波（1600年以降）

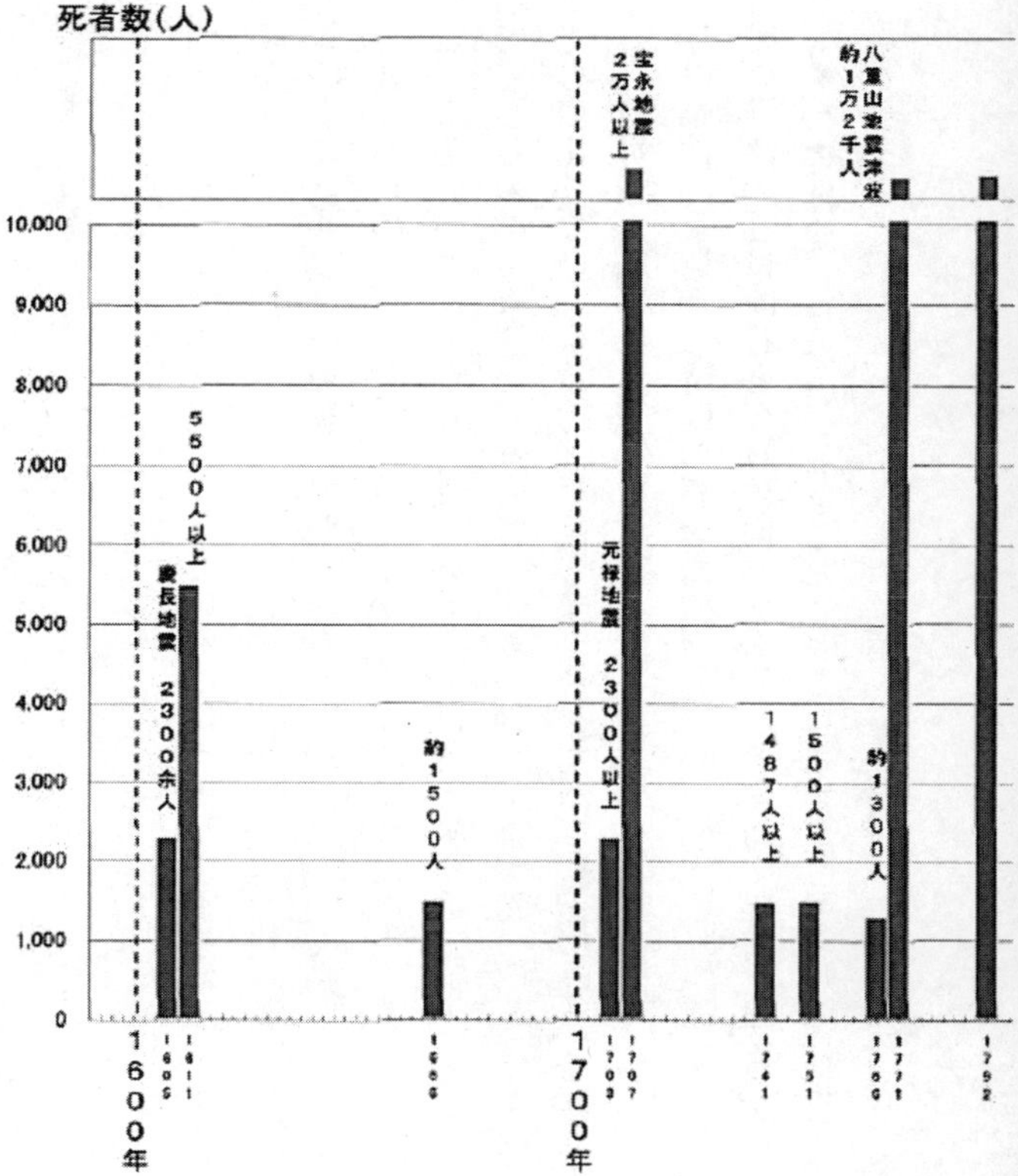

「永遠」

西欧文明とイスラム文明の根底を支えているのは、キリスト教とユダヤ教とイスラム教である。

この三つの宗教は共に「一神教」である。

この一神教の原点のユダヤ教は砂漠の中から生まれてきた。

見渡す限り不毛の砂漠が広がり、夜、見えるのは月と星だけ。何もなく誰もいない。そこで感じるのは「永遠で、無限で、絶対の神」であった。

「いつまでも変化しない『永遠』」と「限りのない広さの『無限』」と「決して過ちを犯さない『絶対』」の神。これが一神教の神の三条件である。

第一番目の条件「永遠」は時間の概念だ。

乾燥地帯の砂漠の姿は昨日と今日は同じである。いや何十年前、何百年前そして何百年後もその姿は変わらない。何も変化しない。この砂漠の時間は止まっている。

時間が止まり、何も変化しない砂漠、その砂漠から「永遠」という時間の概念は生み出された。

気象と自然が刻々と変化し続ける忙しい日本で、時間の永遠という感覚は生まれようがない。

この日本には無数のバクテリアがいる。存在するものは必ずバクテリアによって変化し朽ちていく。変化しないもの、変質しないものなどこの日本にはない。在るものはすべて変化し最後には朽ちていく。

日本人は常に変化し続けるものを、「常ではないもの」つまり「無常」として認識した。

季節が刻々と変化し、ものは変質し朽ちていく日本で生まれる概念は「無常」であって「永遠」ではなかった。

◇「無限」と「絶対」

神の三条件のうち「無限」は空間の概念である。

太陽が沈み闇の砂漠を星を頼りに旅をする。旅人が目にするのは満天の無数の星だけだ。その星の宇宙は限りがないほど広い。限りのない満天の星空の下で生涯を送る人々は、宇宙の広大さを身近にリアルに感じている。その彼らが限りのない広大な「無限」という概念を生んだ。

それに対して、日本人の生きた列島は細長く、その列島は海峡と山脈に分断されていた。集落と集落との間には海と山と川と湿地が横たわり、土地は猫の額のように狭い。しかし、その狭い土地は目を見張るほど多様性に富んだ生態系と複雑な景観に囲まれていた。

日本の民は砂漠の民のように太陽が沈んでから旅をすることはなかった。たまに星空を見あげても、その視線には山々や木々が入ってきた。日本人にとって星空の無限性は身近な存在でなかった。

この日本列島で「限り」は実感するが、限りのない広大な「無限」の概念は生まれようがなかった。

神の三条件の最後の「絶対」は厄介な概念である。

作家の曽野綾子氏の話を聞いていたとき、どうにかこの「絶対」の概念を理解することができた。

曽野さんが中近東の砂漠でキャンプをしていたとき「モノがないから、絶対なのだ」ということがわかったという。

つまり、あるモノがここに存在する。それは大変美しく貴重な茶碗だとする。しかし、この茶碗の形がどれほど整い、色がどれほど鮮やかであっても完璧ではない。必ず欠点があり、より優れたものが考えられる。だから、どれほどすばらしい茶碗であってもそれは絶対ではない。

しかし、砂漠には何もない。何もないので文句をつけようがない。文句をつけることができない完璧さ。その何もないゆえの完璧さは誤ることがない。だから「絶対」である。砂漠の中では何もない。何もないから「絶対」を感じたという話であった。

日本列島には何でも存在する。しかし、存在するものは、必ず変質し朽ち果てていく。存在するものは完全ではない。存在するということは不完全性を宿命としている。日本人はこの朽ち果てていく不完全なものに意識を凝らし、もののあわれや、わびやさびの独特の世界を作り上げていった。日本人は完璧で誤りのない「絶対」という概念へ思いをはせなかった。

一神教の神の三条件「永遠」「無限」「絶対」は、何の変化もなく、何も存在しない砂漠の中で生まれた。もっと正確に言えば、何の変化もなく、何も存在しない砂漠に生活する人々の頭の中で生まれた。

この砂漠の民は、自然によって裏切られることがない。何しろ砂漠には日々激変する気温や雨や不条理で凶暴な地震はない。砂漠では時間が止まっていて、変化するものや、変質していくものもない。そのため神の三条件は、自然によって足をすくわれることはなかった。

◇気象がつくる文明

温帯に住む日本人のてきぱきした勤勉さは、素早い四季の変化の中で生き残るための行動様式であった。また熱帯の人々が急がずゆっくり動くのは、熱い太陽の直下で生き残るための行動様式であった。

決して日本人が倫理的に優れていて勤勉になった訳ではない。ましてや熱帯の人々が怠惰であったというわけでもない。

不毛の乾燥地帯から生まれたキリスト教、そのキリスト教が生んだ西欧文明は、理念的な原理やルールを重んじる社会を構築した。

それに対し、日々急変する気温や降雨や大地震が襲ってくる日本列島で、人々は原則を持たない、ルールを明文化しない融通無碍な社会を形成した。

地球上では人々は多様な生活様式と行動様式で生きている。これら多様な生き方は優劣の問題ではない。良否の価値判断が入り込む余地もない。

あくまでその土地の気象が、人々の性格や生活様式を支配している。人間が自分たちの力で成し遂げたと思っていることも、実はその土地の自然条件がその人々にそうさせていた。

ニクソン大統領時代の国務長官だったキッシンジャー氏の「その国を知りたければ、その国の気象と地理を学ばなければならない」という発言はけだし名言である。

気象と地理への理解こそ文明を解き明かす鍵となる。

日本の国旗は太陽だけのデザインである。この国旗は日本文明が拠ってきたあり様を見事に象徴している。

国を表す国旗でこれほど鮮やかなデザインもない。

中学、高校時代の6年間、カトリック学校で過ごした。

その学校は週一回、カトリック教義を教えていた。キリスト教とそれを教えてくれた神父には信頼と親しみを感じた。しかし、どうしても教義の神の三条件は胸にすとんと落ちなかった。

その後、神の三条件など忘れた人生を送ってきたが、あるときふっとそのことを思い出した。

小学校を出た頭が丸刈りの小さな子供を、一人前の青年に育ててくれた神父に感謝している。しかし、神の三条件は信じられなかった。その申し訳なさが、ずっと澱《おり》のように心の底に溜まっていた。自分でも意識していなかったその思いが、神の三条件を理解できない理由を気象に求めた。

人生の終盤でやっとその弁明をして、澱がスーッと融け去りホッとした。一方で、何か大切な思い出を失ったような気もする。

第15章

なぜ日本人は「もったいない」と思うか

捨てる人々・捨てない人々

小さいとき、母親から「もったいないことするな」といつも叱られていた記憶がある。そして自分が親になったら、子供に「もったいないことするな」と叱った。今では、歯を磨いている際に水を出しっぱなしにしては、妻から「もったいない」と叱られている。

我が家だけではない。日本人の日常会話では「もったいない」が飛び交っている。モノを大切に使おうというこの言葉は、一部の外国人にも評価されている。高い道徳心の言葉として、世界の共通語にしようという動きもある。

なぜ、日本人はこれほど「もったいない」と言うのか？ 高い道徳心、倫理観から「もったいない」と言うのだろうか。単なるケチだからなのか。

日本人のこの言葉への執着は、あまりにも強く強迫観念に近い。なぜなのだろうか。

なんとなく心の底にあったこの疑問は、エジプトである光景を目撃したおかげで、一気に意識の表面に出てきた。この言葉も、日本列島の地理と地形で積み重ねられた歴史の中から生まれていた。

カイロ中央駅の廃棄

エジプトのカイロで開催された国際インフラビジネス会議に参加することとなった。エジプト訪問は初めてであった。

カイロ空港から市内へ向かってハイウェーを走った。ハイウェーに立つ広告看板は日本と同じ様だ。遠くの夜空にカイロ市内のネオンが光り、アフリカにいることを忘れさせた。

市内に入ると帰宅ラッシュと重なって、交通渋滞に巻き込まれた。市内の道路には信号が少なく、人々は車の間をスイスイと抜けていく。日本人には真似ができない絶妙な車との間合いである。

車はカイロ市中心の駅に近づき、渋滞は激しさを増していった。長旅で疲れていた私は車の窓に頭をつけ車外を眺めていた。その私は「なんだ、あれは！」と声を上げてしまった。

道路に沿った中央駅に、ボロボロの列車が放置されていたのだ。列車はホコリを被り、ドアは開きっぱなしで、窓ガラスは破れていた。もう何年間もそこに放置されているのは明らかだった。田舎の駅ならまだしもカイロの中心駅に、列車が放置されている。

信じられない光景であった。歩いているカイロの人々には見慣れた光景なのだろう、その列車の前を足早に歩いていく。

◇カイロ空港の廃棄

翌朝5時起きで空港に向かった。前夜は暗くて写真は撮れなかったが、その朝は放置された列車を撮ることができた。それが**写真1**である。

その日は、カイロから2時間のアスワン・ハイダムへの日帰りの小旅行であった。空港では風が吹き抜ける待合室で1時間ほど待たされ、体が冷え切ったころ飛行機に乗り込むことができた。

飛行機はゆっくり動きだし、ターミナルを回り込み離陸滑走路へ向かっていった。ほっとして、大きなサンドイッチをかじり始めていると、またしても信じられ

写真１　カイロ駅の廃棄された列車

撮影：著者

ない光景が飛び込んできた。

飛行場の隅に大型飛行機が胴体を傾けていた。それも1機ではなく4機もだ。機体はホコリを被り、もう何年も前から放置されていたようだ。1機なら何か事情があったのかもしれない。しかし、4機となると確信犯でこの場に放棄したにちがいない。

空港内や飛行機から写真を撮ることは禁止されている。そのため写真は撮れなかった。しかし、一緒にいた友人たちもその飛行機を目撃していた。あの放置され朽ち果てた飛行機は、幻覚ではなかった。

エジプト人は電車や飛行機は古くな

ると捨ててしまうのか？　解体して部品を再利用したり、車体を熔《と》かしてリサイクルしないのか？

放棄する人々

会議の打ち上げの食事会のとき、日本企業のカイロ駐在社員に質問をした。「なぜ、エジプト人は古くなった電車や飛行機を放置しておくのか？　リサイクルはしないのか？」

長年カイロで生活している彼は、少し考えた後「そういえば車のリサイクル屋を見たことがない。今まで気がつかなかったが、日本のようにリサイクル業はないのかもしれない」という返事であった。

どうやら、エジプト人にはリサイクルという概念がなく、古くなった物は捨ててしまうようだ。

実は、その捨ててしまう性向はエジプト人だけではない。米国人も不要になった飛行機は放棄していた。写真雑誌の『ナショナル・ジオグラフィック』（２０１０

写真2　米国の飛行機の墓場

写真提供:アフロ

年9月号)でその写真が掲載されていた。米国のアリゾナ州にある飛行機の墓場の写真であった。古くなった4000機のジェット機が、砂漠に廃棄されているのだ。

「もったいない」の意識がしみついている日本人には、飛行機の墓場など考えられない光景である。**写真2**はカリフォルニア州にある飛行機の墓場の写真である。

エジプト人と米国人は、言語も宗教も考え方も異なるようにみえる。しかし、物を捨てるという点では共通している。

エジプト人も米国人も、根っこは同

じ行動様式を持つ民族なのだ。その行動様式とは、移動するということだ。

移動する民族

地球上の民族は2つに大別できる。狩猟や遊牧で移動する民族と、農耕で定住する民族だ。

世界史の主役は、移動する民族であった。ユーラシア大陸やアフリカ、アラビア半島で民族が移動するたびに、世界の歴史は劇的に転換していった。

移動する民族は最小限の物だけを携帯していた。軽やかな身支度で、速やかに移動した。新しい土地を征服すれば、必要な物は手に入る。彼らにとって大切なことは、迅速に移動し、瞬時に新しい土地を制圧することであった。

そのため不都合になった物は捨てる。不都合な物を修理して使い回しなどしない。放棄した物は人々の意識から去り、ホコリを被り、砂に埋まり姿を消していく。

それが、移動する民族の行動様式であった。

その移動する民族の遺伝子を、21世紀のエジプト人や米国人も引き継いでいた。近代的都市のカイロやニューヨークの華やかなショーウィンドーを見ている限り、彼らが移動する民族であることは感じられない。しかし、放棄された電車や飛行機が、移動する彼らの血を明確に示している。

エジプト人は砂漠を移動した祖先と同じように、不都合な物は捨てて、意識から消していく。ユーラシア大陸から海を渡った米国人も、アメリカ大陸を西へ西へ移動した祖先と同じように、不必要になった物は捨てていく。

ユーラシア大陸やアラビア半島で移動する民族たちが世界の歴史を作っている間、ユーラシア大陸の極東の海に浮かぶ列島でひっそりと日本文明が生まれていた。

◇移動しない民族

極東の海に浮かぶ日本列島の人々は、特異な文明を誕生させていった。

日本列島とユーラシア大陸の間には200㎞の海峡が横たわり、海流が激しく流れていた。ユーラシア大陸の大移動する暴力も、この日本列島にはたどり着かなかった。日本列島を征服することもなかった。

日本列島の中央には脊梁山脈が走り、その脊梁山脈からは日本海と太平洋に無数の川が流れ下り、河口部には小さな湿地が形成されていた。日本列島に点在する狭い土地は、海峡と山々と川で分断されていた。

約3000年前、この日本列島に住む人々は、他の土地と分断された湿地帯で稲作を開始した。

米は富であった。米は保存が利き、計量ができて、何とでも交換できた。しかし、その米を得る労働は忙しく過酷であった。雪解け時には川から水を引き、硬い土を起こし、苗を植え、水を管理し、雑草を除き、洪水を防ぎ、稲穂を刈り取った。冬は冬で、耕作の道具作りや春の準備で忙しかった。

日本列島の人々は、湿地にへばり付き、止むことのない労働で稲作社会を形成していった。**図1**は、広重が描いた稲作をする日本人である。

この分断された土地には、外部から資源が投入されることはなかった。そのため、人々はその土地にある全ての物を有用な資源にした。不要な物など一切なかっ

図１　『六十余州名所図会』《伯耆 大野大山遠望》（歌川広重）

出典：国立国会図書館デジタル化資料より

た。物はどのような姿になっても、常に人々に有用な物として存在した。

移動しない日本列島の人々は、物を捨てない性格となった。

もったいない

日本人の物への強い執着の例は、身近な着物に現れている。

植物の綿から美しい着物が織られる。何十年間、着古した着物は、布団の布に再利用された。さらに、何年かの後、布団の布は座布団の布となり、さらに何年かの後、その布は下駄の鼻緒や雑巾になった。下駄の鼻緒や雑巾の役目を終えたボロは燃やされ灰となり、土に戻って再び綿の栄養分となっていった。

布は時々で姿を変え、役目を変えていった。

輪廻転生《りんねてんしょう》の宗教思想は、日本人にとっては脳内の思想ではない。実生活の物のあり方と結び付いていた。

日本人の好きな言葉に「もったいない」がある。これは「勿体が無い」からきている。

「勿体」つまり「物体」は固定した姿を持たない。物は止めどなく姿を変え、役目を変えていく。「もったいない」は、物は限りなく姿を変えていくが、そのたびに何らかの有用な役目を果たすことを教えている。

◇地形が創った性格

「もったいない」は日本人の口ぐせになっている。小さいときは両親から「もったいないことをするな」と叱られる。自分が親になってからは、子供に向かって「もったいないぞ」と叱る。

世界を見回しても、このような言葉が幅を利かしている社会は見当たらない。この「もったいない」が口ぐせの日本人が、物を捨てないで繰り返し使うリサイクル社会を構築していった。

日本のGDP当たりのエネルギー供給量を1・0とすると、EU全体では1・8倍、米国は2・1倍、カナダは3・1倍、中国は8・3倍、ロシアは16・8倍となっている。省エネルギー社会としては、日本は他を圧倒している（図2）。

図２　ＧＤＰ当たりの一次エネルギー総供給の主要国比較（2007年）

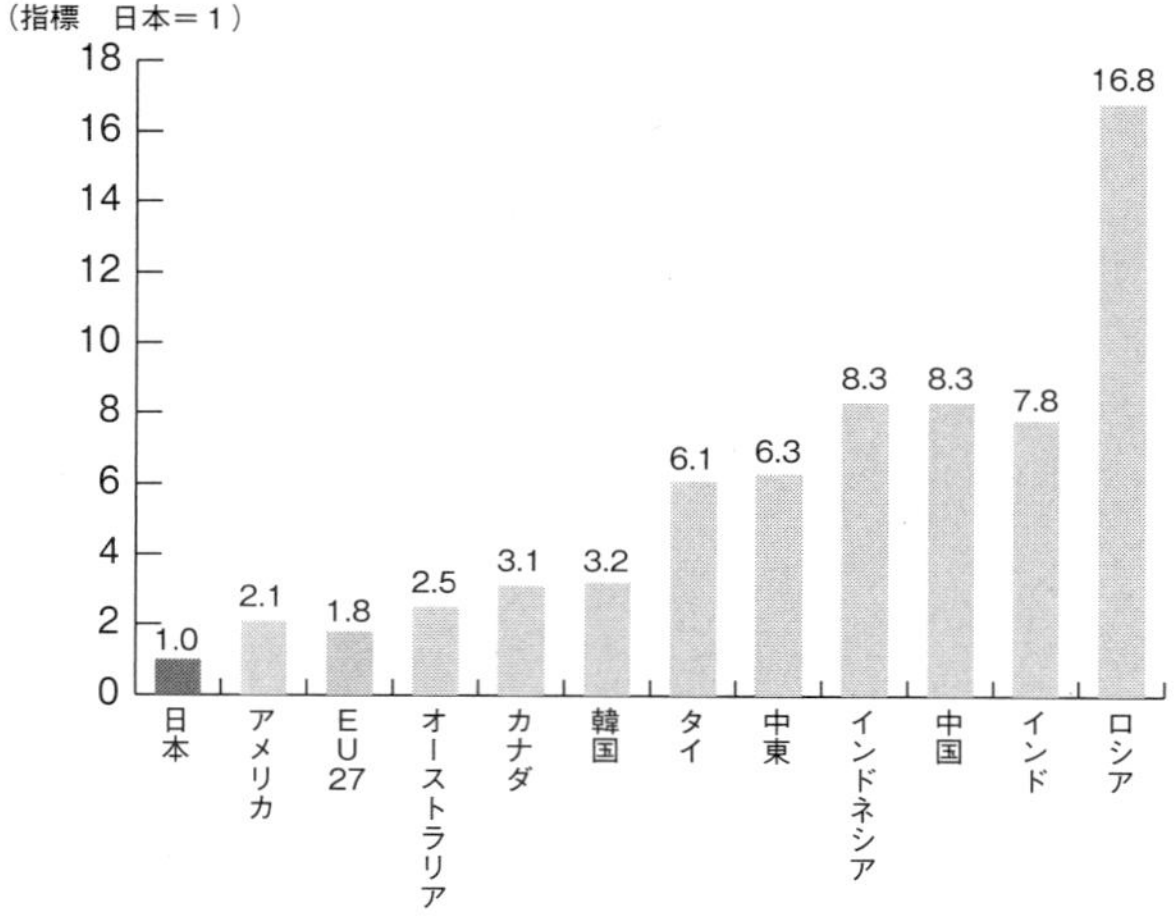

出典:『エネルギー白書2010』(経済産業省)

日本がこの省エネルギー社会を構築した理由は、「天然資源を保有しないため」「海外に生産をアウトソーシングしたから」といわれている。しかし、同じ天然資源を保有せず、生産を海外にアウトソーシングしているヨーロッパと比べても、その投入エネルギーは少ない。

日本人の心と身体に深く浸み込んだ「もったいない」という物に対する精神が、近代の省エネルギー社会を生み出していった。

この省エネルギー社会を構築

したのは、日本人が道徳的に優れていたからではない。日本人が他国の人々に比べ賢かったからでもない。

日本列島という地形が、日本人の性格を形成していった。

民族の性格は、その土地の気象と地形が決める。この「もったいない」という日本人の性格もそうであった。

近代文明は物を大量消費し、物を廃棄し続けた。もちろん、近代を走り抜けた日本人も、大量消費と大量廃棄をしてきた。しかし、あの飛行機の墓場の写真を見て衝撃を受けているかぎり、私たち日本人は「もったいない」の気持ちを失ってはいない。

低炭素で持続可能な21世紀の社会は、まちがいなく循環社会である。その循環社会の構築は、この「もったいない」の心を持った日本人が先頭になって歩んでいくこととなる。

第16章

日本文明は生き残れるか

グラハム・ベルの予言

人類にとってエネルギー確保は宿命的な課題である。人類最初の文明はチグリス川・ユーフラテス川で生まれた。そのメソポタミア文明で生まれた物語が「ギルガメッシュ伝説」である。

これは人間たちが森の魔王（ギルガメッシュ）と戦い、森の木を切り倒して都市を建設する物語である。人類最初の物語が、森林を収奪する物語なのだ。人間はエネルギーのためには何でもやってしまう。山を丸裸にするなんてお手の物だ。人間は世界中で森林を伐採し、山々を丸裸にしてしまった。

何しろ人間は穀物を生では食べられない。火を通さなければならない。人間にとってエネルギーは、生命そのものなのだ。生きるために、人間はエネルギーに深い業を抱えている。

江戸末期、日本は森林を伐採し全土を禿山とした。20世紀には石油を巡って世界大戦に突入し、国土は焦土と化した。そして、２０１１年3月11日、原子力発電事故で放射能は列島各地を汚染し、福島の住民を長く苦しめることとなった。

いったい、日本はエネルギーを確保して、未来も生き残っていくことができるのだろうか。

◇3・11以降

２０１１年３月11日の東日本大震災以降の、日本人にとって大きな変化は、エネルギーに対する考え方だ。

３・11震災の以前、日本人はエネルギーの思考を頭から追い出していた。なにしろ、日本には世界最先端の原子力発電がある。社会生活のすべてを電化していけば、エネルギーはほぼ無限である。原子力はCO_2を出さない環境に優しいエネルギーだ。だから、エネルギーは原子力に任せておけばいい。このような雰囲気が日本社会を覆っていた。

しかし、その状況が一転した。各地の原子力発電はすべて止まってしまった。電力会社は古くて効率の悪い火力発電所を復活させ、フル活動させている。そのため化石燃料の輸入量が増大し、２０１３年12月現在、過去最長の17カ月連続で貿易赤字を続けている。

安倍総理大臣も「３・11以降、化石燃料の使用量は急激に増大して、その増加費用だけで毎年約4兆円以上の国富が海外に流出し続けている」と危機感を表明している。

この火力発電の燃料は、石炭、石油そして天然ガスである。その化石燃料は先進国のみならず中進国や途上国の発展に伴い、需要が急増している。地球上の石炭、石油、ガスの賦存《ふそん》量には限界がある。それらは何十年後には必ず逼迫し、価格は高騰し、いずれは枯渇してしまう。

もし、日本がこの地球上から消滅してしまうのなら、未来のエネルギーなど考えなくてよい。しかし、1000年いや永遠に日本は生き残って欲しい。そのために大切なことは、持続可能な未来のエネルギーを考え、そのエネルギー確保の準備に入っていくことだ。

一体、日本にとって持続可能なエネルギーなどあるのか？

未来の答えに行く前に、少し時間を遡ってみる。

100年前、日本列島の無限のエネルギーを見抜き、日本の未来の発展を予言した米国人がいた。

グラハム・ベルである。

ベルの予言

1898（明治31）年、グラハム・ベルが来日した。発声生理学の科学者であり、教育者であったベルは、1876年に電話の実験を成功させた。そのベルは極東の日本に来て、東京の帝国ホテルで講演をしている。その内容は日本の未来への讃歌であった。

写真1　グラハム・ベル

写真提供：アフロ

「日本を訪れて気がついたのは、川が多く、水資源に恵まれているということだ。この豊富な水資源を利用して、電気をエネルギー源とした経済発展が可能だろう。電気で自動車を動かす、蒸気機関を電気で置き換え、生産活動を電気で行うことも可能かもしれない。日本は恵まれた環境を利用して、将来さらに大きな成長を遂げる可能性がある。」（『ナショナル・ジオグラフィック』より抜粋）

日本の地形と気象こそが、無限のエネルギーの宝庫であることを、ベルは見抜いていた。なぜなら、ベルは地形に関する屈指の学者であった。グラハム・ベルは米国ナショナル・ジオグラフィック（地理学）協会の会長であり、雑誌『ナショナル・ジオグラフィック』の出版責任者であった。

日本列島はアジア・モンスーン帯に位置し、四方を海に囲まれている。日本列島に吹く風は、一年中海の湿気を運んできて、多量の雨や雪を日本列島に置いていく。その雨と雪は川の水となり、勢いよく海に流れ下っている。

来日したグラハム・ベルは、この日本列島の地形と気象を目撃したのだ。

太陽エネルギーの水力

太陽エネルギーの絶対量は大きい。そして、無限に存在する。しかし、この太陽エネルギーは、ある決定的な弱点を持っている。

それは、エネルギーの絶対量は大きいが、単位面積当たりのエネルギー量が薄いことである。

太陽エネルギーの太陽光発電やその仲間の風力発電は、単位面積当たりのエネルギーの薄さに苦しんでいる。この分野の技術者たちは、その薄いエネルギーをいかに集積させて濃いエネルギーにするかに苦心している。

雨も太陽エネルギーである。太陽に照らされた海の水が蒸発して雨となる。その雨も降っている限り、単位面積当たりのエネルギー量は薄い。

ところが、ベルが見た日本列島は山だらけであった。聞くと日本列島の70%が山だという。そして、一年中この日本列島には雨や雪が降っているという。

この山だらけの列島に降り注いだ小さな雨粒は、小さな筋となって流れになり、小さな流れは沢となり、沢は渓谷となり、渓谷は川となって勢いよく流れ下っていった。

日本国土の山岳地形が、小さな雨粒を集めて、強く濃い水の流れにしていた。水の流れはエネルギーである。それは無限に続く太陽エネルギーである。

地理学者のベルは、この水が溢れるように流れている日本列島を見て、日本の未来の水力発電の大きな可能性を予言したのだ。

ベルの予言通り、明治以降の近代の中で、特にエネルギー戦争であった太平洋戦争後の焼け野原からの復興期に、日本は全力を挙げて水力発電の開発に向かった。佐久間ダム、黒部ダム、田子倉ダムと、敗戦で打ちのめされていた日本人を奮い立たせるプロジェクトが次々と完成していった。

しかし、国内で大ダムの建設は限界に近づいた。ダムという大規模施設を次々と建設する時代は終わった。

それでも、21世紀の今、日本で水力発電の増強を検討する余地などあるのか？

ベルの予言は、20世紀への予言であり、21世紀では死語になってしまったのか？

ダムを造らない

産官学のシンクタンクのＪＡＰＩＣ（一般社団法人日本プロジェクト産業協議会）の水循環委員会で、私は委員長を務めている。

この水循環委員会は水力大好き人間たちの集まりである。

2011年の3・11以前から、この委員会では未来の化石燃料の逼迫を前提にして、水力発電の増強に関する研究を積み重ねていた。3・11以前、この委員会は火力発電や原子力発電を推進する電力会社からはうっとうしいと思われていたようだ。私のところに直接クレームをつけに来た電力幹部もいた。

3・11の福島第一原子力発電所の事故で電力危機が顕在化した。日本のエネルギー事情が一変し、エネルギー問題が人々の意識に浮かび上がってきた。水循環委員会は気を引き締めて、水力発電のさらなる増強について検討に入った。

この検討に当たって、ある前提を設けた。それは「新しいダムは建設しない」という前提であった。

1980年～1990年代、日本国中で反ダム旋風が吹きまくった。大新聞でも「ダムはムダ」と書き、ダムは無駄な公共事業の代名詞となってしまった。今でもその後遺症は残っている。水力発電の増強の検討であっても、ダムという言葉が出ただけで拒絶反応を示す人々がいる。

それだけではなく、地形的に財政的に、大規模ダム建設の時代は終わったことも確かな事実である。そのため、この水力発電の増強の検討においては、一切、新しいダム建設をしないことにしたのだ。

一体、ダムを造らないで水力増強などできるのか？

それは可能である。既存のダムを徹底的に活用すればよい。

即ち、すべての既存のダムの運用を水力発電に変えていくのだ。既存のダムの高さを嵩《かさ》上げしていくのだ。

既存ダムの運用の変更

国土交通省や地方自治体が管理しているダムは、洪水と利水を合わせ持つ多目的ダムである。

この多目的ダムの多くは水力発電を行っていない。まず、全ての多目的ダムに発電機を設けて水力発電を行う。

さらに、この多目的ダムで大切な検討がある。治水と利水の多目的ダムは、全く相反したダムの運用を強いられている。治水のためには、なるべく貯水池に水を貯めないで空にし、洪水に備えたい。それに対して、利水のためには、なるべく貯水池に水を貯めて、日照りの渇水に対応したい。

このように相反する運用の多目的ダムにおいて、水力発電を中心とした運用に変更していく。つまり、洪水に備えて空けておいた貯水池に水を貯めてしまう。その貯水池の水量増で水力発電を行う。貯水池に水を貯めれば、貯水池の水位は上昇して、水圧が高まり発電力はさらに増強されていく。

では、多目的ダムの治水の機能はどうなるのか。その機能を保持する方法もある。

現在、台風の進路は3〜4日前から明確に予測されている。関西から東日本のダムは台風を洪水計画の対象としている。それらのダムにおいては、台風の来襲がはっきりしてから、事前にダムから放流を行い、貯水池の水位を下げていけば良い。貯水池を空けて洪水を待ち受け、来襲した洪水を貯め込んで行けば、洪水調節の機能は十分確保することが出来る。

既存のダムの嵩上げ

水力増強についてもう一つの有力な手法に、ダムの嵩上げがある。現にあるダムを嵩上げするのは、土木技術的には十分可能である。すでにいくつかの実例もある。このダム嵩上げの効果は絶大である。

ダム堤体の下部の谷底の1mは、水を貯めるには効果は小さい。ところが、ダム上部の1mの水を貯める効果は絶大である。ダムを嵩上げすることで、新たな大きな貯水池を手に入れることができる。

貯水量から見ると10mのダム嵩上げは、新しい100mのダム建設に匹敵する価値がある。既存のダムの嵩上げ工事は、地域に与える影響は少ない。自然環境に与える影響も小さい。

ダムの嵩上げの観点から見ると、20世紀に造った数多くのダムは、未来の子孫たちが行うダム嵩上げの基礎構造物であったといえる。

電力供給の大きな問題の1つが、電力のピーク需要の対応である。それに対しても水力発電は簡単に対応することができる。

既存の本ダムの下流の渓谷に小さな副ダムのような貯水池を建設する。そして、電力需要のピークの2~3時間、本ダムでピーク発電を行う。本ダムのピーク発電で放流された大量の水は、下流の小さな貯水池で一時的に貯め、その副ダムから下流に安定した水量を放流していく。

電力需要のピークに対して、水力発電はボタン1つ押すだけで自在に対応できる。

◇分散型の930万kWの増強

このように、既存ダムの運用の変更と既存ダムの嵩上げを北海道から沖縄まで試算した。

その結果、新たに出力930万kW、324億kWhの水力発電の可能性と試算できた。

100万kWの原子力発電所の9基分である。

原子力発電所の9基分と言っても、これら水力増強プロジェクトは、大規模な開発事業ではない。日本列島の北海道から沖縄の各地における小中規模の分散型の開発の合計である。

化石燃料は何百年後、何千年後には、必ず人類の前から消え去っている。21世紀の今こそ、未来に備えて日本は分散型の水力発電の増強に向かっていくべきだ。未来社会において、全く新しいエネルギーが誕生しているか、誕生していないかにかかわらず、日本列島は永遠に水力という太陽エネルギーに満たされていくことが大切だ。

ベルの予言は死語にはなっていなかった。21世紀の今、ベルの予言はますます輝きを増している。

「恵まれた地形と気象を利用した水力エネルギーで、日本は永遠に生き残っていくことができる」

第17章

【番外編】ピラミッドはなぜ建設されたか①

ナイル川の堤防

世界7不思議の中でピラミッドはその筆頭である。何しろその造られた理由が今でも解明されていないからだ。

世界中の考古学者たちは、何世紀にもわたってそれを研究してきた。多くの説が唱えられてきたが、それらはすべて学者たちにより実証的に否定された。

この状況の中で、私はピラミッドの目的論争に参入することとなってしまった。なぜなら、現在各説の中で最も有力なのが、「ピラミッドそのものに意味はないが、洪水で穀物が収穫できないときに、社会秩序が乱れないように、王が公共事業として行った」という説を聞いたからであった。

ピラミッドは意味のない公共事業だった、というのだ。

この説は、あまりにも古代エジプト人を馬鹿にしている。無駄な構造物を1000年以上に渡り、歴代王朝と古代エジプト人たちが営々と建造するわけがない。彼らの知恵と汗が無駄であるわけがない。

論戦への参加は、筑波大学の高津道昭名誉教授の著書がきっかけとなった。

この章では、ナイル川ほとりに並ぶ100基のピラミッド群の秘密を解いた。

次章では難解だったギザ台地の3基の巨大ピラミッドの謎を解明する。

謎のピラミッド

エジプトのピラミッドは、人類の第一級の遺産であり、世界7大不思議の筆頭でもある。

ピラミッドが7大不思議のNo.1に君臨している理由は、その大きさだけではない。今でも、ピラミッド建設の目的がわかっていないからだ。

考古学者たちの努力により、ピラミッドの謎は次々と解明されている。

いつ、ピラミッドは造られたか？

誰が、ピラミッドを造ったか？

どのように、ピラミッドは造られたのか？

これらを解明していくのがピラミッド学と呼ばれている。日本では早稲田大学の吉村作治教授がその第一人者である。吉村教授をはじめとする研究者たちは、ピラミッドの解明に着実な成果をあげている。

ところが、「なぜ、ピラミッドは造られたのか？」は未だ解明されていない。

◇解明されている謎

①いつ、誰が、造ったのか？

紀元前6000年頃、つまり約8000年前にナイル川流域に人々が定着し始めた。そして、紀元前3000年頃、つまり約5000年前にナイル川流域にエジプト王朝が誕生していった。

そのエジプト第三王朝の紀元前2600年頃から、1000年間にわたってピラミッド群は建設されていった。

つまり、4600年前から3600年前頃の1000年の間に、ピラミッド群は建設された。

これは研究者の一致する見解となっている。

②どうやってピラミッドを造ったか？

ピラミッドの材料の石灰岩は、ナイル川の東部に連なる山々から切り出された。

毎年7月から9月、ナイル川は増水し氾濫する。ナイル川東岸で切り出された石は、ナイル川の氾濫時に筏《いかだ》で西岸に運搬された。

石はナイル川西岸の船着場で降ろされた。その石はコロの上に載せられ、長い斜路、または、ピラミッド周囲の取り巻き斜路で引っ張り上げられ、高く組み立てられていった。

このように、「誰が」「いつ」「どうやって」は着実に解明されつつある。しかし、最も大切な「なぜ、ピラミッドは造られたのか？」は未解明のままである。

◇なぜ、造られたのか？

ピラミッドの目的に関し、昔から多くの説がある。

最も有名なのが王墓説である。しかし、この王墓説は、吉村教授はじめ大多数の研究者によって否定されている。王家の墓は別の場所で発見されており、ピラミッドが王家の墓とするには矛盾だらけである。

世界中の学者たちが多くの説を提案している。「日時計説」、「穀物倉庫説」、「宗教儀式神殿説」、「天体観測施設説」がある。しかし、どの説も具体的物証によって否定されてしまった。

現時点で最も有力な説は、1974年、ドイツの考古学者メンデルスゾーンが提唱した「農民救済の公共事業説」である。

この説は「ピラミッドには具体的な目的はない。ただ、農民を救う景気対策である。洪水氾濫期に農民を救済しないと風紀が乱れ、王朝体制が揺らいでしまうからだ」というものだ。この説の強みは、物証に基づかない単なる考え方なので、具体的な物証で反論されることがないことである。

吉村教授もこの説をとって、「無駄な公共事業は、かえって争いごとを生まない。ピラミッドは偉大な役立たずであった」としている。

しかし、到底この説には納得できない。

エジプト第三王朝から約1000年間、複数の何世代もの古代エジプト人たちが、知恵と汗を注いでピラミッドを建設した。そのピラミッドが、無意味な公共事業などであるはずがない。人間は無駄なことを1000年間も継続できない。

ピラミッドを建設した古代エジプト人の名誉にかけて断言する。

「ピラミッドは無駄な公共事業などではなかった。エジプト文明の存続をかけ、古代エジプト人たちが誇りをもって従事した事業であった」

その証拠を述べていく。

その証拠は、ピラミッドが建設された場所にある。

ナイル川西岸だけのピラミッド

ピラミッドといえばカイロ市郊外のギザ台地の3基の巨大ピラミッドを思い出す。しかし、それは、ピラミッド群の主たるものではない。

ピラミッド群の主たるものは、発見されただけでも80基以上となり、未だ発見されていないものを含めると100基に及ぶ。そして、その約100基のピラミッド群は、全てナイル川の西岸に位置しているのだ。

2008年にも、最新のピラミッドが砂の中から1基発掘された。これもナイル川の西岸に位置している。この配列にこだわった視覚デザイン学の高津道昭氏は

「ピラミッドはテトラポット」であったと推理し、1992年に『ピラミッドはなぜつくられたか』（新潮選書）を出版した。

この説は、視覚デザインという思いもかけない観点からの展開であった。ただし、高津氏は土木の専門家ではないため、テトラポットや霞堤《かすみてい》という用語で説明していて土木工学的には不明確になっている。

私は高津氏の説に賛同し、河川技術の専門家としてこの説を補強していく。

つまり、あのピラミッド群は「からみ」であったのだ。

ナイル川西岸の謎

なぜ、ナイル川の左岸、つまり西岸だけにピラミッドを建設したのか？

図1がナイル川西岸のピラミッド群の分布である。このようにナイル川西岸だけに配置されたのは、決して偶然ではない。それはナイル川西岸が、ピラミッド群を必要としたのだ。

ナイル川の右岸つまり東岸には、山岳地形が連続している。そのためナイル川東

図１　ナイル西岸のピラミッド群

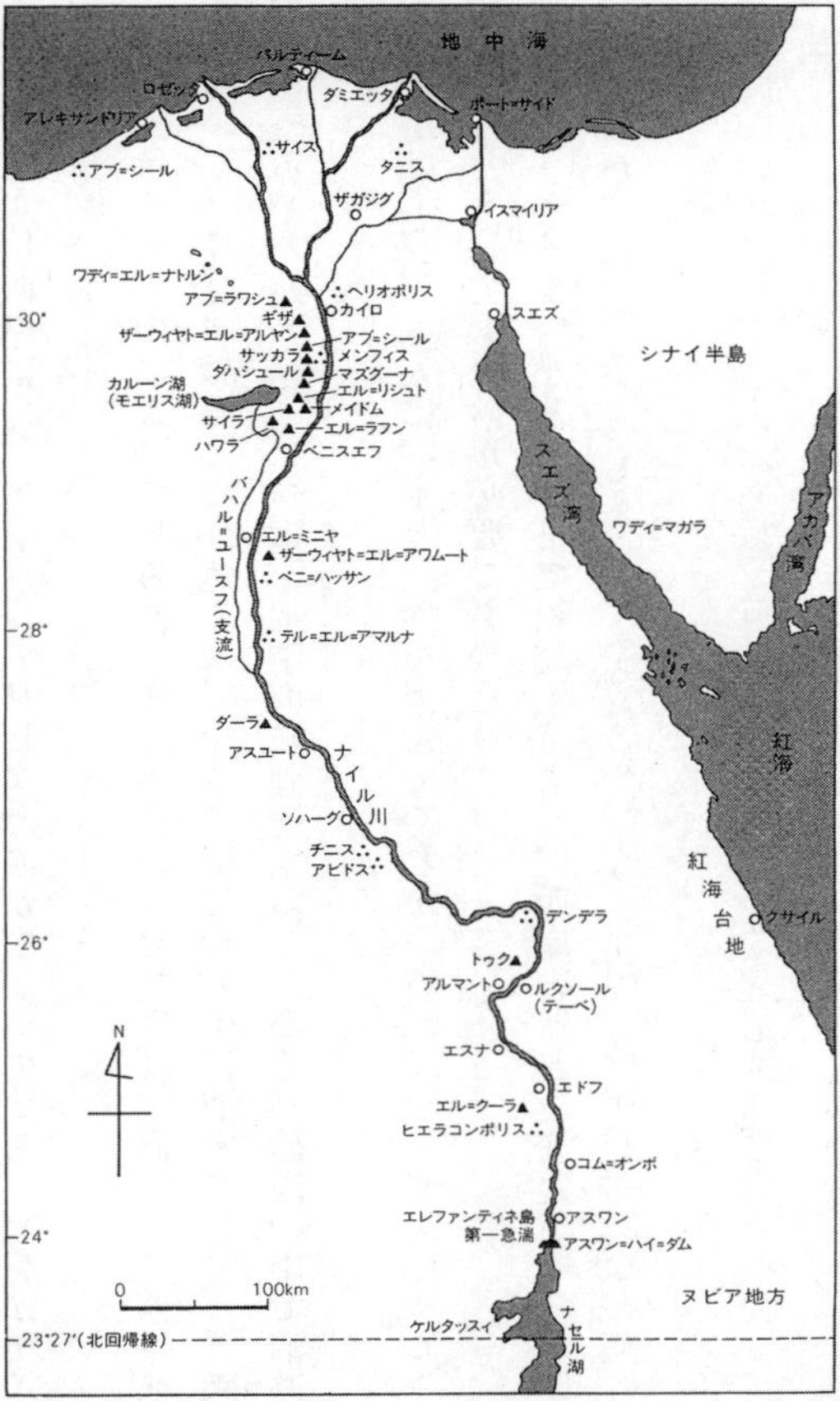

出典：高津道昭著『ピラミッドはなぜつくられたか』（新潮選書）

岸の流路は安定している。

一方、ナイル川西岸には、アフリカのリビア砂漠が広がっている。**図2**がナイル川周辺の地形図である。

西岸の砂はナイル川によって削られ、ナイル川はリビア砂漠に向かって西へ西へと逃げていく。リビア砂漠に流れ込めば、ナイル川は砂の中に消えてしまう。**図1**の西岸の支流バハル・ユースフは、地中海に到達することなく、砂漠の中で消滅している。

ナイル川はエジプト人に、水と土砂を運んでくれた。特に、ナイル河口デルタの干拓には、どうしても土砂が必要であった。

そのため、ナイル川が地中海まで到達するよう、西岸の流路を安定させる堤防が必要となった。しかし、目もくらむような長いナイル川の西岸に堤防など築けない。

そこで、古代エジプト人たちは、巨大な「からみ」を建設することとした。

図2　エジプトの地形

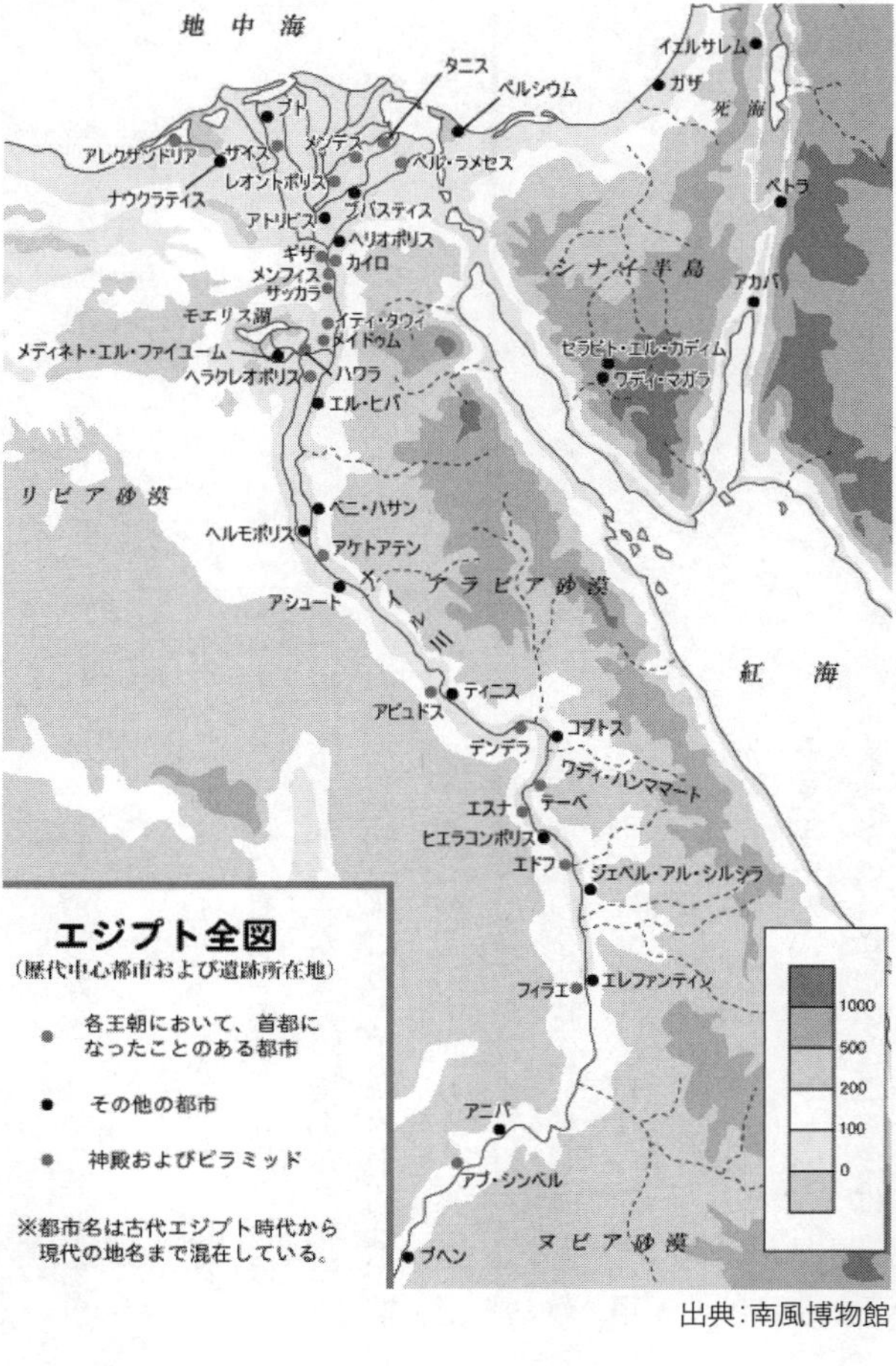
地中海
イェルサレム
ガザ
死海
タニス
ペルシウム
ブト
メンデス
ペル・ラメセス
アレクサンドリア
サイス
レオントポリス
ナウクラティス
ブバスティス
アトリビス
ヘリオポリス
ギザ
カイロ
メンフィス
サッカラ
モエリス湖
イティ・タウィ
メイドゥム
メディネト・エル・ファイユーム
ヘラクレオポリス
ハワラ
エル・ヒバ
ペトラ
シナイ半島
アカバ
セラビト・エル・カディム
ワディ・マガラ
リビア砂漠
ベニ・ハサン
ヘルモポリス
アケトアテン
アシュート
アラビア砂漠
ナイル川
紅海
ティニス
アビュドス
コプトス
デンデラ
ワディ・ハンママート
テーベ
エスナ
ヒエラコンポリス
エドフ
ジェベル・アル・シルシラ
フィラエ
エレファンティン
アニバ
アブ・シンベル
ヌビア砂漠
ブヘン
エジプト全図
(歴代中心都市および遺跡所在地)
各王朝において、首都になったことのある都市
その他の都市
神殿およびピラミッド
※都市名は古代エジプト時代から現代の地名まで混在している。
1000
500
200
100
0

出典:南風博物館

図３　江戸時代の海上での杭打ち

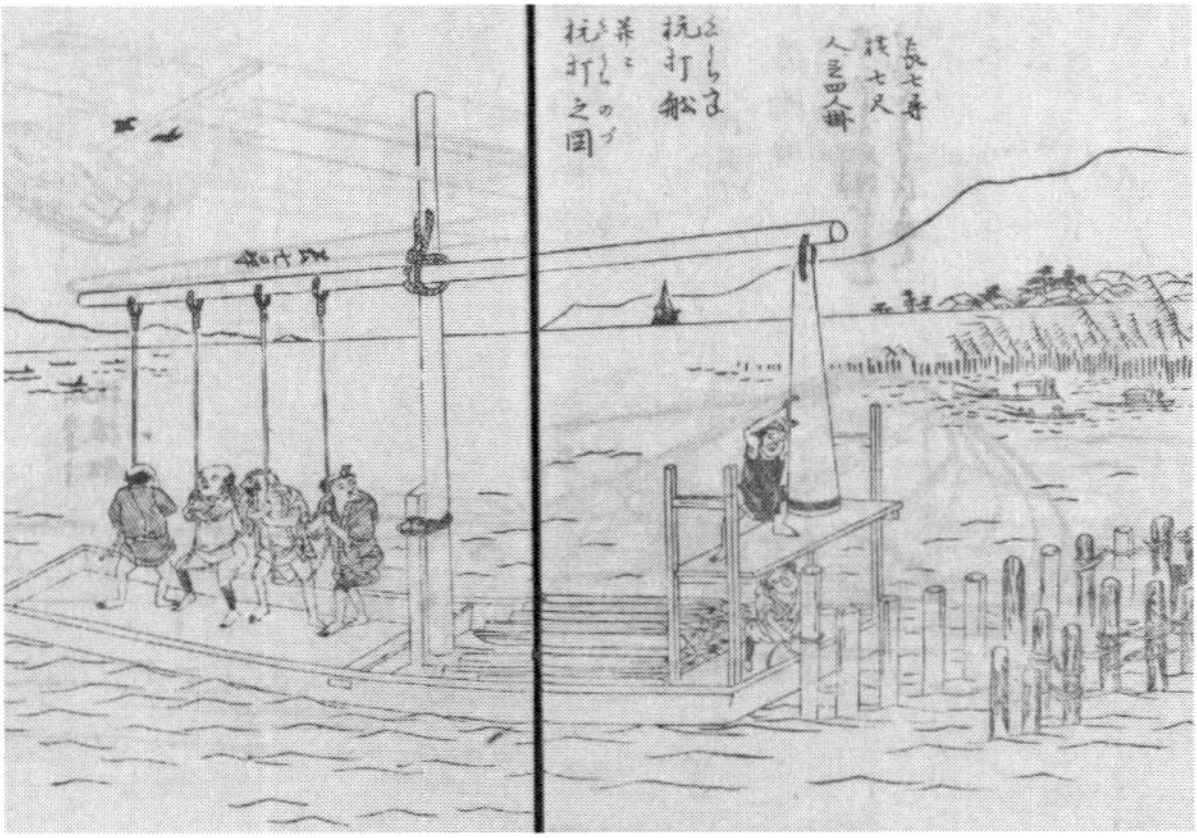

出典：大蔵永常著『農具便利論』（1822年）
国立国会図書館デジタル化資料より

からみ

日本にもこの「からみ」はあった。特に有名なのが、九州の筑後川下流部の「からみ」である。

筑後川河口の有明海の干拓は、推定では１０００年前から、確定できる範囲でも数百年前から行われていた。重機のない時代、有明海の埋め立て干拓は、潮汐の自然の力を利用した「からみ工法」で行われていた。

筑後平野には「搦《からみ》」という名の地名が多い。新しいところでは「大正

図4　からみ工法

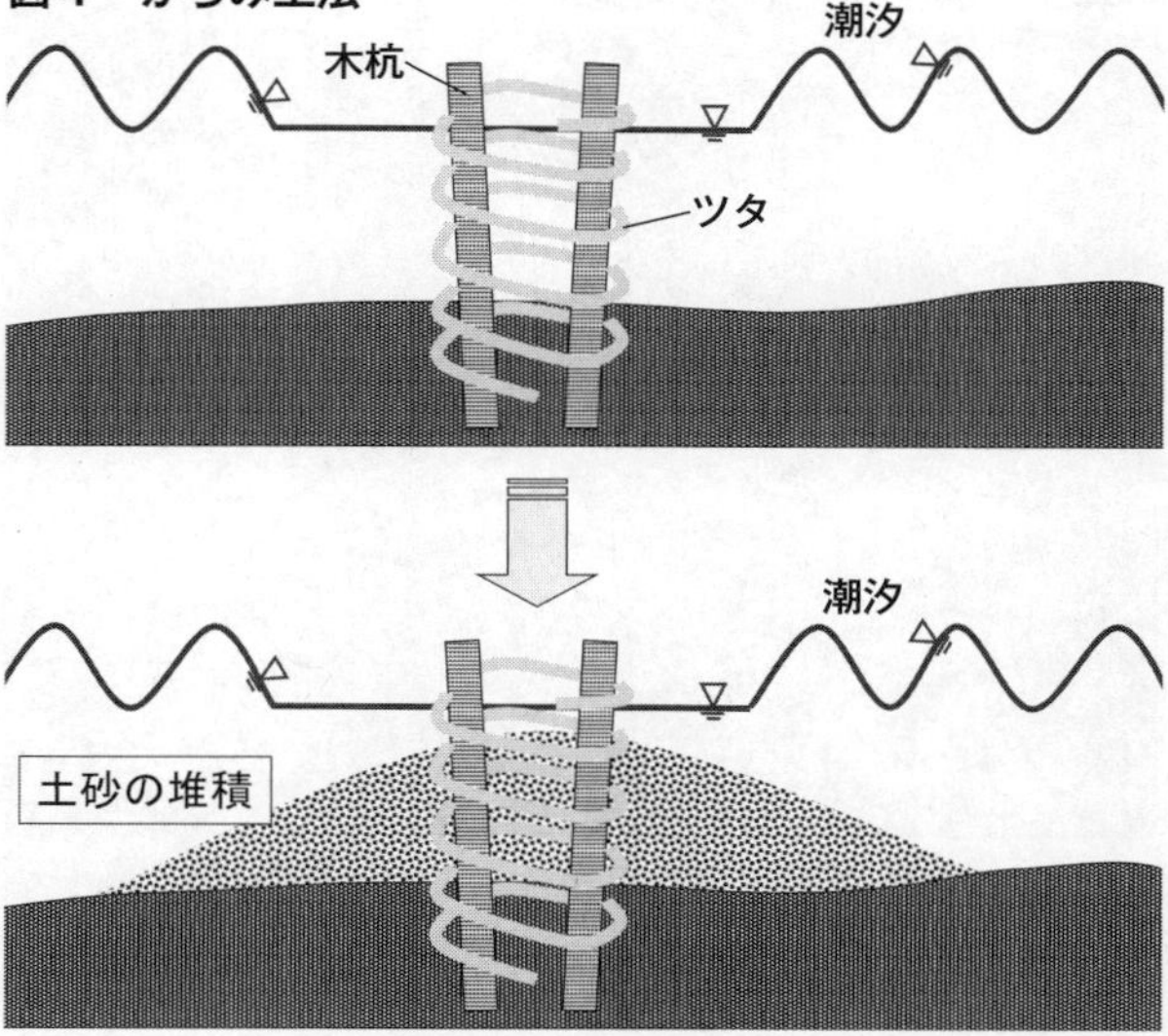

作図：公益財団法人リバーフロント研究所　竹村・後藤

搦《からみ》」「昭和搦《からみ》」という地名がある。これは「からみ工法」で造成した干拓地を示している。

「からみ」とは「からみつく」工法である。

まず干潟に何本も丸太杭を打ち込む。**図3**は、江戸時代の海上に丸太を打ち込む姿である（大蔵永常著『農具便利論』）。こうして干潟に打ち込んだ杭に、木のつるや枝、竹を「からみ」つける。

1日2回、有明海は大きな満ち干を繰り返す。満ちると

写真1　筑後川下流の干拓地

き、海水はガタと呼ばれる土砂を運んでくる。潮の流れは「からみ」周辺で速度を落として、澱《よど》む。潮が澱めば、潮に運ばれてきたガタ土はそこで沈降し堆積していく。

何カ月後には、「からみ」周辺に堆積土が盛り上がっている。その緩い堆積土を突き固める。何回か堆積と突き固めを繰り返すと、固い地盤が線状に形成されていく。前ページの**図4**で、「からみ」によって土砂が堆積することを示した。

その固まった地盤を堤防として、その内側を土砂で埋め立てれば干拓地が誕生する。**写真1**は、有明海周辺の戦後の干拓地の空中写真である。「からみ」によって造成された堤防が、扇のように線状になっている。自然の力を利用した見事な工法である。

この「からみ工法」は日本独自のものではない。人類文明の発祥の地、エジプトでこの「からみ工法」が大規模に実施されていた。

それが、ナイル川西岸のピラミッド群であった。

ナイル川西岸の「からみ」ピラミッド群

ナイル川西岸は堤防を必要とした。しかし、何千キロも堤防など築けない。そこで、古代エジプト人たちは巨大な「からみ」を建設することとした。その「からみ」がピラミッドであった。

ピラミッドを適当な間隔で建設する。毎年、ナイル川の洪水は、上流から土砂を運んでくる。洪水はピラミッド周辺で澱む。澱んで流速が低下すると、ナイル川の土砂は沈降し、ピラミッド周辺に堆積していった。

次ページの**図5**で、ピラミッド周辺で土砂が堆積する様子を示した。

図5　ピラミッド群のナイル川堤防

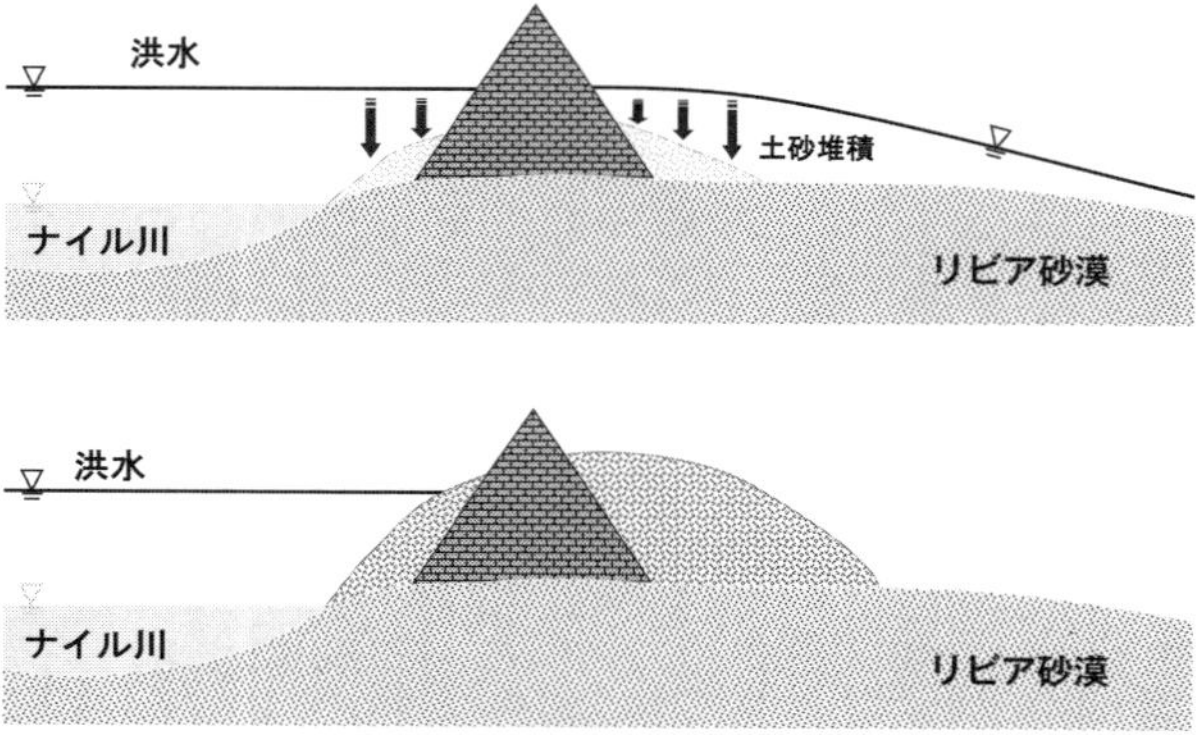

作図：公益財団法人リバーフロント研究所　竹村・後藤

何十年間、何百年間、ピラミッド群周辺に砂が堆積し、砂のマウンドは隣のマウンドと繋がり、連続した盛土の堤防となっていった。

そのため、ピラミッドは正四角錐でなくてもよかった。台形でも、円形でもよかった。後年、発掘された約80基のピラミッド群が様々な形状をしていた理由と、それらが全て砂に埋もれていた理由はこのためである。

古代エジプト人は、ナイル川の自然の力を利用して、西岸に堤防を創出させた。これによりナイル川は、地中海まで水と土砂を確実に到達させることとなった。

◇残った謎

１０００年間にも及ぶピラミッド群の建設は、無駄な公共事業などではなかった。文明の存続のための重要なナイル川の治水事業であった。

ナイル川西岸の約１００基のピラミッド群の役割は説明できた。

しかし、重大な謎が残ったままであった。

それは、カイロ市郊外のギザの丘に建つ３基の巨大ピラミッドの存在であった。

ピラミッド群がナイル川西岸の堤防なら、河口付近の高台のピラミッドは不必要である。

あのギザ台地の３基の巨大ピラミッドの目的は何か？

「ナイル川の堤防」では説明できない。視覚デザインの高津教授も、このギザ台地のピラミッドには触れていない。

私はナイル川西岸の約１００基のピラミッド群を「からみ工法」とした。

しかし、このギザ台地の３基の巨大ピラミッドは決して「からみ」ではない。

ギザ台地の3基の巨大ピラミッドの謎を解かなければ、ピラミッドの謎を解いたことにはならない。

その解にたどり着くにはさらに1年間の時間が必要であった。

第18章

【番外編】ピラミッドはなぜ建設されたか②

ギザの3基の巨大ピラミッドの謎

ナイル川左岸に並ぶ100基のピラミッド群は、「ナイル川左岸の堤防建設のための『からみ』」であった。

しかし、この堤防説はピラミッドの謎の急所を突いていなかった。考古学者たちが議論してきたのは、ギザ台地にそびえる3基の巨大ピラミッドがなぜ造られたか、なのだ。

「ナイル川のほとりのピラミッド群は堤防であった」という説では、ギザ台地の上にある3基の巨大ピラミッドを説明できない。台地の上にあるピラミッドが堤防であるわけがない。

さすがに、このギザ台地の3基のピラミッドの謎は手ごわかった。1年以上、私はその謎と格闘していた。あるとき、思わぬ場所で、ふっと謎の解が私に訪れてくれた。

ギザ台地の3基の巨大ピラミッドの解は、ナイル川のほとりにある100基のピラミッド群の解の延長にあった。

それは「6000年前、地球の海面が5m高かった時代」に遡っていった。

このピラミッドの物語は、人類と河川の壮大な抒情詩となった。

◇ビルの反射

勤務する事務所が麴町《こうじまち》から下町の茅場町《かやばちょう》へ引越をした。それを機に、運動不足解消のため有楽町から事務所まで歩くことにした。有楽町から歩いて約30分かかる。歩くのは好きだが、問題は汗であった。事務所にはシャワーなどない。汗が引くまで仕事に取り掛かれない。そのため、歩くルートは、なるべくビルの影を選んだ。

有楽町から銀座中央通りを歩けば、太陽はビルの陰になる。四丁目の交差点から日本橋に向かって右の歩道を歩いていく。日中は賑やかな銀座中央通りも、朝は閑散として人とぶつかることもない。

考え事をしながら歩いていたとき、突然、太陽の光に囲まれていた。

ビル並が切れたかと思った。しかし、太陽は間違いなく右手の銀座メルサの陰にあった。その銀座メルサのガラスは、朝日でキラキラ光っていた。その光は通りの反対側の反射光であった。反対側のビルのガラスが、こちら側のビルのガラスを照

写真１　太陽に反射して光るギザ台地の３基の巨大ピラミッド

らしていた。その反射光がまた向こうのビルのガラスを照らしていた。

あちらこちらのビルのガラスが、複雑に反射し合っていた。そこは、まるで光のダイヤモンドの中のようだった。

私はその光の中で立ち止まっていた。

頭の中でもやもやしていた霧が晴れていった。

「あの写真だ！」と思い出し、急いで事務所に向かった。事務所でエジプト関係のファイルを取り出した。ファイルの中にその写真はあった。

やはり、そうだった。**写真１**は、ギザ台地の3基の巨大ピラミッドの謎を解く鍵となった。

ギザのピラミッドの謎

ピラミッド建設の頂点といわれているのが、ナイル川河口のギザ台地の3基の巨大ピラミッドである。

紀元前2520年頃(約4500年前)から建設されたこの3基のピラミッドは、南北方向に配置されている。北から現在の高さ138・8mのクフ王のピラミッド、中央が同136mのカフラーのピラミッド、一番南が同62mのメンカウラーのピラミッドである。中央のカフラーのピラミッドは、高い場所に造られているので一番高く抜きん出ている。

さらに、ピラミッドの表面は大理石が張られていた。大理石は盗掘にあって一部を除いて大部分が失われた。次ページの**写真2**の私たちが立っている足元の壁が、残された大理石の一部である。

ピラミッド群の目的がナイル川の堤防なら、ギザ台地のピラミッドは謎だらけと

写真２　足元の斜面がピラミッドの表面に残された大理石の一部

なる。

- ピラミッドをギザの高台に建設する必要はない
- あれほど高くする必要はない
- あれほど正確な正四角錐にする必要はない
- 表面をわざわざ大理石にする必要はない

これらの謎にすべて答えるのが、あの**写真1**だった。写真の3基のピラミッドの面は、太陽に反射してそれぞれ異なった光と影を作っている。

これがギザ台地の3基の巨大ピラミッドの目的であった。

◇ナイル川河口の干潟の登場

ギザから下流には広大な三角州、いわゆるデルタが広がっている。エジプトの農業の中心地はこのナイルデルタである。

このデルタは、いつごろ形成されたのか？

その答えは明らかである。6000年前の紀元前4000年以降である。

紀元前4000年つまり6000年前、地球の気温は現在より高かった。そのため、地球の海水は温められて、体積を膨張させていた。陸上の氷河も溶けて海に流れ出していた。その結果、地球上の海面は現在より約5m高かった。この現象は、日本で「縄文海進」と呼ばれている。

6000年前、海面は約5m高かったので、現在ある世界各地の沖積平野は、海面下にあった。沖積平野は未だ姿を現していなかったのだ。

もちろん、ナイルデルタも海面下にあった。341ページの**写真3**で、現在のナイル川河口のデルタと、6000年前のデルタが海面下だった状態を示した。

地球の気温は、6000年前をピークに低下していった。海水は体積を収縮させ、陸には氷河が形成されていった。そのため、海面は次第に降下していった。いわゆる海の後退である。これにより、世界中の河川の河口で、干潟が姿を現していった。

ナイル川河口でも巨大な干潟が姿を現し始めた。

古代エジプト人たちは、この干潟に目を奪われた。

荒涼とした砂漠を見慣れていた彼らにとって、干潟は潤いに満ちた天国であった。

この広大な干潟を自分たちのものにしたい。この干潟を干拓して農作物を得て豊かになる。彼らはこのデルタ干潟を干拓する決意を固めた。

◇壮大なデルタのランドマーク

世界各地の干潟で干拓が行われたが、このナイルデルタは際立ってスケールが大きかった。

写真3-1　スペースシャトルからの現在のナイルデルタ

写真3-2　6000年前のナイルデルタは海面下（5m上昇）

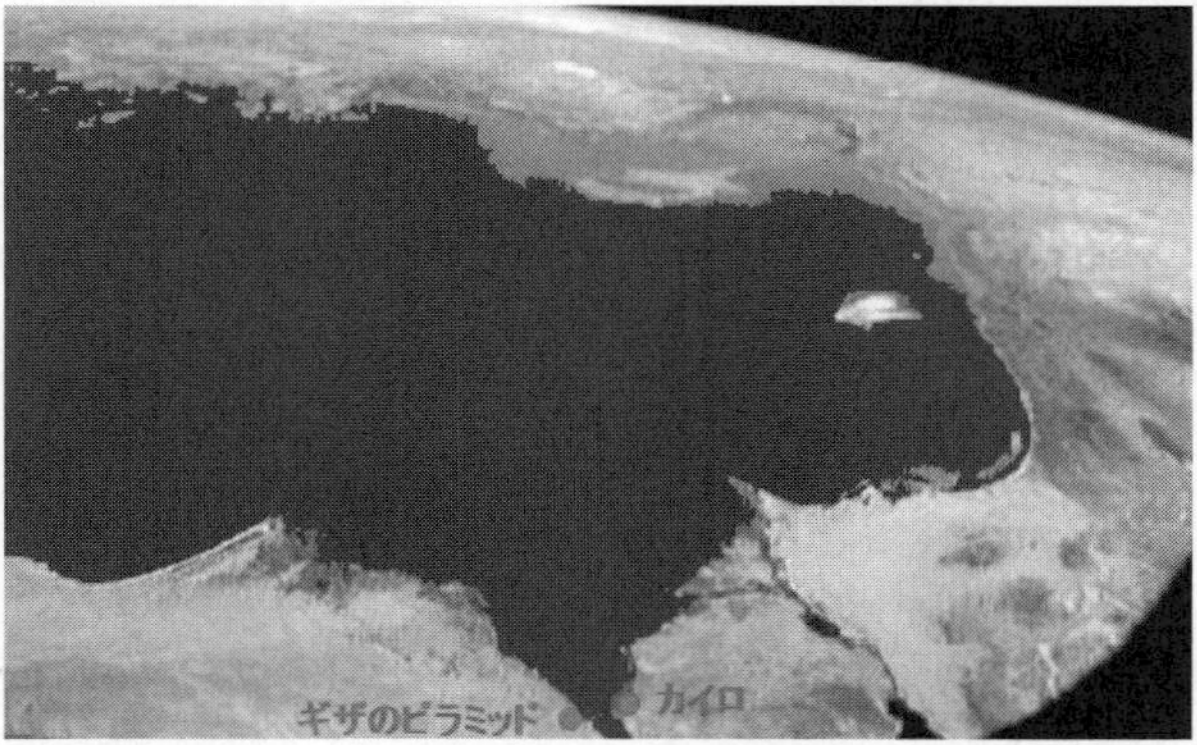

1993年7月1日 スペース・シャトル「エンデヴァー」より撮影した写真を加工

STS057-73-075 Image courtesy of the image Science&Analysis Laboratory,NASA Johnson Space Center http://eol.jsc.nasa.gov

作図：公益財団法人リバーフロント研究所　竹村・後藤

ギザからデルタ先端の海岸線まで、直線距離で200㎞以上に及ぶ。面積は4～5万㎢で、九州よりも大きい。これほど大規模な干拓は世界広しといえども他にない。

さらに、このデルタには葦《あし》が一面に茂っていた。古代エジプト人は、この葦が茂るデルタを「大いなる緑」と呼んでいた。彼らはこの広大な葦に囲まれた干潟で、干拓作業を行っていった。

デルタでは、水が流れてくる方向が上流とは限らない。葦に囲まれたデルタでは方向感覚が失われる。この葦の広大なデルタでの作業には、絶対に必要なものがあった。それは、方向を見失わない灯台であった。

ナイル川西岸の100基のピラミッド群の建設が始まって100年が経過した頃、クフ王はギザの高台でピラミッドの建設を開始した。**図1**は、エジプト文明のピラミッド建設とナイル干潟の関係を示した図である。

この**図1**で明らかなように、6000年前の紀元前4000年から海面の降下が始まっていった。1000年経った紀元前3000年にエジプト王朝が成立した頃には、潤いに満ちた干潟が姿を現してきた。古代エジプト人たちはこの干潟を干拓

図1　海面変化とピラミッド建設

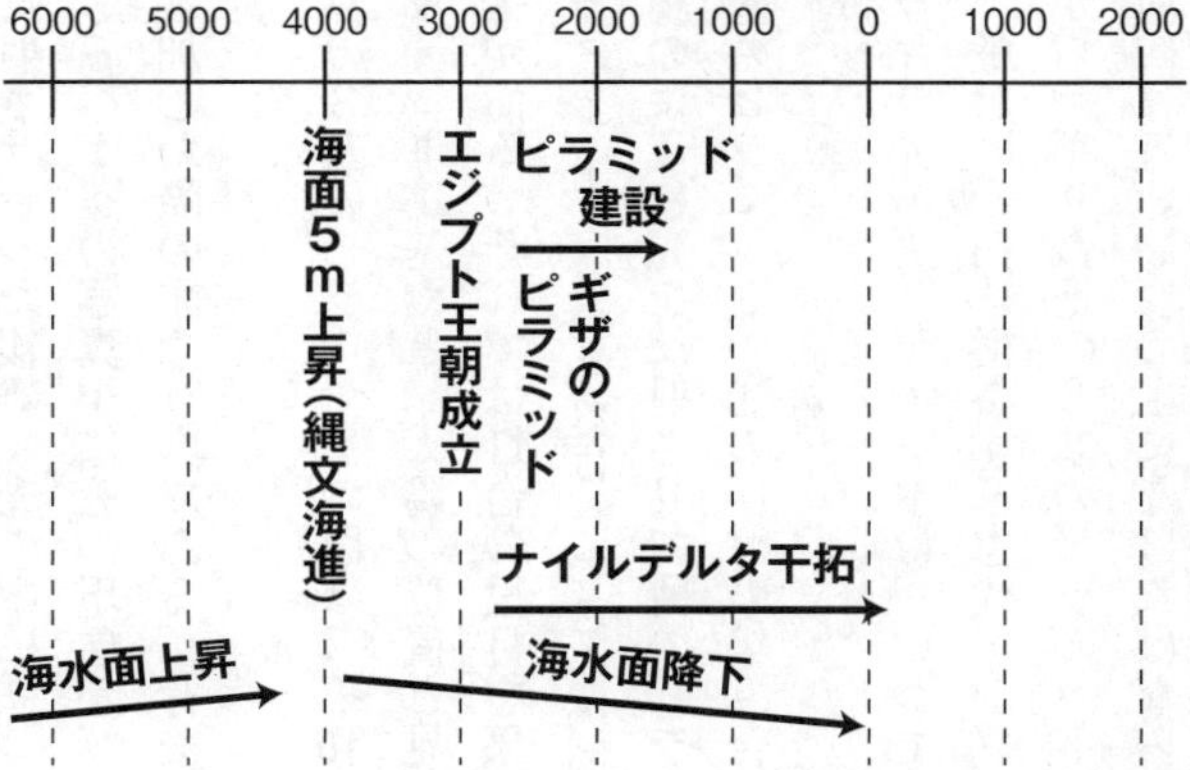

作図：公益財団法人リバーフロント研究所　竹村・富田

するためにデルタに入っていった。

デルタで働く人々のための灯台は、遠くから見通せなければならない。

そのため、ギザの高台にピラミッドが建設された。さらに、そのピラミッドは可能な限り高くした。

しかし、なぜ、ギザのピラミッドは3基も必要だったか？　1基で十分だったのではないか？

これが最後の謎となった。

3基のピラミッド

夏の早朝の銀座中央通りで、通り向こうのビルとこちらのビルのガラスが光を反射させ合った複雑な光の中に立ったとき、その謎が解けていった。

３３６ページの**写真１**にその現象が写っていた。この写真は、エジプトの国際会議に参加した際の記念写真である。背後には、ギザ台地の３基のピラミッドが写っている。

写真の３基のピラミッドの面は、それぞれ異なった光と影をみせている。ピラミッド１基だと、太陽の位置と見る方向によってピラミッドの面が影になる時間帯がある。それでは灯台の役目を果たさない。

ピラミッドが３基あれば、どこかの面が太陽の光を受ける。ピカピカの大理石は、鏡のように光を反射させて隣のピラミッドを照らす。

３基のピラミッドの光の反射の組み合わせは、複雑なダイヤモンドの光のようであった。

キラキラ光るダイヤモンドは、いつでも、何処からでも見ることができた。その光は、厳しい干拓に従事する古代エジプト人たちを勇気づけていった。

だから、ギザ台地の３基のピラミッドは、
・河口に近い高台の上になければならなかった

・可能な限り高くしなければならなかった
・光の反射のために正確な正四角錐でなければならなかった
・光を反射させるため鏡のような大理石を張る必要があった
ナイル川西岸の100基のピラミッド群は、ナイル川の堤防を形成した。

ギザ台地の3基の巨大ピラミッドは、デルタ干拓の灯台であった。

ピラミッドはエジプト文明誕生と発展のために、絶対に必要なインフラストラクチャーであった。

ピラミッドの謎はすべて解けた。

【初出一覧】

第１章　『ＣＲＩ』2011年１月号
第２章　『ＣＲＩ』2010年４月号
第３章　書き下ろし
第４章　『建設オピニオン』2009年４月号
第５章　『ＣＲＩ』2007年10月号
第６章　『ＣＲＩ』2008年５月号
第７章　『ＣＲＩ』2010年１月号
第８章　『ＣＲＩ』2012年１月号
第９章　『建設オピニオン』2004年10月号
第10章　『建設オピニオン』2008年８月号
第11章　『建設オピニオン』2003年11月号
第12章　『ＣＲＩ』2011年10月号
第13章　『建設オピニオン』2010年３月号
第14章　『建設オピニオン』2003年２月号
第15章　『ＣＲＩ』2012年７月号
第16章　書き下ろし
第17章　『ＣＲＩ』2013年７月号
第18章　『ＣＲＩ』2013年９月号

図版収集協力：『ＣＲＩ』編集部

本書は、『建設オピニオン』（建設公論社刊／連載時の執筆者名は「島 陶也」）、『ＣＲＩ』（長谷工総合研究所刊）に連載された原稿を加筆・修正し、さらに新規書き下ろし原稿を加えたものである。

著者紹介
竹村公太郎（たけむら　こうたろう）
1945年生まれ。横浜市出身。1970年、東北大学工学部土木工学科修士課程修了。同年、建設省入省。以来、主にダム・河川事業を担当し、近畿地方建設局長、河川局長などを歴任。2002年、国土交通省退官後、リバーフロント研究所代表理事。現在は日本水フォーラム事務局長。社会資本整備の論客として活躍する一方、地形・気象・下部構造（インフラ）の視点から日本と世界の文明を論じ、注目を集める。著書に、『日本文明の謎を解く』（清流出版）、『土地の文明』『幸運な文明』（以上、ＰＨＰ研究所）、『本質を見抜く力――環境・食料・エネルギー』（養老孟司氏との共著／ＰＨＰ新書）、『日本史の謎は「地形」で解ける』（ＰＨＰ文庫）がある。

ＰＨＰ文庫　日本史の謎は「地形」で解ける【文明・文化篇】

2014年２月19日　第１版第１刷
2014年３月７日　第１版第２刷

著　者　竹村公太郎
発行者　小林成彦
発行所　株式会社ＰＨＰ研究所
東京本部　〒102-8331　千代田区一番町21
文庫出版部　☎03-3239-6259（編集）
普及一部　☎03-3239-6233（販売）
京都本部　〒601-8411　京都市南区西九条北ノ内町11
PHP INTERFACE　http://www.php.co.jp/
組　版　株式会社PHPエディターズ・グループ
印刷所
製本所　図書印刷株式会社

ISBN978-4-569-76145-9

PHP文庫好評既刊

日本史の謎は「地形」で解ける

竹村公太郎 著

なぜ頼朝は狭く小さな鎌倉に幕府を開いたか、なぜ信長は比叡山を焼き討ちしたか……日本史の謎を「地形」という切り口から解き明かす！

定価 本体七四三円（税別）

PHP文庫好評既刊

地図で読む『古事記』『日本書紀』

武光 誠 著

宗像三神は朝鮮航路上にある？ 出雲に鉄の神が多い理由は？ 日本神話の源流はペルシア？ など、日本誕生に隠された真実を地図から探る！

定価 本体五九〇円（税別）

PHP文庫好評既刊

学校では教えてくれない日本史の授業

井沢元彦 著

琵琶法師が『平家物語』を語る理由や天皇家が滅びなかったワケ、徳川幕府の滅亡の原因など、教科書では学べない本当の歴史がわかる。

定価 本体七八一円（税別）